SV

W0227027

Peter Nöldechen

Bilderbuch von Johnsons Jerichow und Umgebung

Spurensuche im Mecklenburg
der Cresspahls

Suhrkamp

Schriften
des Uwe Johnson-Archivs
Band 2

Dritte Auflage 1992
© Suhrkamp Verlag Frankfurt am Main 1991
Alle Rechte vorbehalten
Druck: Wagner GmbH, Nördlingen
Printed in Germany

Für Christine

»Aber wohin ich in Wahrheit gehöre, das ist die dichtumwaldete Seenplatte
Mecklenburgs«

Auf der Suche nach Jerichow

Jakob hätte kaum anders gehandelt. Ich bin noch nicht fertig mit
meinen Bildern, als ein Eisenbahner, sommerlich ohne Uniform-
jacke, die Genehmigung sehen will, die braucht, wer auf Reichs-
bahngelände fotografiert. Der Presseausweis (des DDR-Außenmi-
nisteriums) genügt ihm nicht. Ich widerspreche aber nicht, als er
bittet mitzukommen.

Es hätte wenig Sinn gehabt, dem Mann, der sich nicht vorstellte, zu
erklären, daß mich der kleine Bahnhof von Klütz/Mecklenburg nur
aus literarischen Gründen interessiert. Uwe Johnson hat in *Mutmassungen über Jakob* und *Jahrestage* mit Jakob Abs zwar das
Urbild eines korrekten und pflichtbewußten Angestellten der Deutschen Reichsbahn gezeichnet. Aber in der DDR, die den erzähleri-
schen Hintergrund beider Romane bildet, sind diese Bücher – so-
lange sie existierte – nicht erschienen.

Der Klützer Bahnhof ist kaum größer als ein Bahnwärterhaus. Über

7

Bahnhof in Klütz

den Diensträumen ist eine Wohnung. Ich werde gebeten, im Pausenraum zu warten, der vom Bahnsteig aus zugänglich ist, und höre, wie der Eisenbahner nebenan telefonisch zu klären versucht, was mit mir geschehen soll. Ein Bundesbürger mit Wohnsitz in der DDR-Hauptstadt, der auch noch Journalist ist (Paß und Presseausweis hatte er an sich genommen), war ihm wohl noch nicht über den Weg gelaufen. – Keine 15 Kilometer von der Grenze zum anderen Deutschland galt im Mai 1986 Wachsamkeit.

»Hier Naß, Bahnhof Grevesmühlen. Ich rufe aus Klütz an. Ich wohne in Klütz. Wir haben hier einen BRD-Bürger mit Wohnsitz Berlin, der ohne Genehmigung fotografiert hat. Was soll ich tun?« Herr Naß muß seine Frage bei verschiedenen Dienststellen mehrfach wiederholen. Er kommt einmal sogar zurück und nimmt aus einem verschlossenen Wandschrank ein anderes Telefon-Verzeichnis. Es ist Sonntag. Niemand fühlt sich offenbar zuständig.

Das Warten macht nervös. Aber wenigstens kenne ich seinen Namen. Als der erbetene Rückruf kommt, höre ich nur mehrfach »Ja«

Verladestelle für den Weizen und die Zuckerrüben

und »Gut«. Zehn Minuten sind mindestens vergangen. Dann gibt mir Herr Naß die Papiere zurück: »Es ist bekannt, daß Sie sich im Bezirk Rostock aufhalten« – und verabschiedet mich. Von der fehlenden Fotogenehmigung ist nicht mehr die Rede. Die Abteilung »Journalistische Beziehungen« des Außenministeriums war, wie es die »Verordnung über die Tätigkeit von Publikationsorganen anderer Staaten und deren Korrespondenten« vorschreibt, über meine Reise unterrichtet.

Ich habe Herrn Naß später eins der Fotos von seinem Bahnhof geschickt.

Was hat der Bahnhof von Klütz, eingeklemmt zwischen üppigen Kleingärten und einem Kohlenplatz, der bei Regen im Schlamm versinkt, mit Uwe Johnson zu tun? Wenn richtig ist, was Jürgen Grambow (Rostock) in der ersten ausführlichen in der DDR erschienenen Würdigung des Schriftstellers sagt – »... bei Johnson stimmen alle Angaben wie in einem Baedeker« –, dann müßte dies der Bahnhof von Jerichow aus *Mutmassungen über Jakob* und *Jahrestage* sein, die

Verladestelle für den Weizen und die Zuckerrüben [an der] Bahnlinie nach Gneez, zur Hauptstrecke zwischen Hamburg und Stettin, weil die Ritterschaft das Transportmittel brauchte. (JT I/32)

Jerichow ist neben New York der Hauptort der *Jahrestage*. In Jerichow ist 1933 Gesine Cresspahl geboren, die Titelfigur der *Jahrestage*, beschäftigt als Fremdsprachen-Sekretärin in einer New Yorker Bank. Fünf Jahre nach Erscheinen des dritten Bandes hatte Johnson sie (im Dezember 1978 in Leverkusen) als »eine Eingeborene der sowjetischen Besatzungszone« beschrieben und spätere »Bürgerin der Deutschen Demokratischen Republik«, die in der Schule dem Sozialismus theoretisch begegnet war.

> Als dann der Lehrstoff sich wirklich machte, im Juni 1953, auf den Straßen der Republik, mit einem veritablen Aufstand der Arbeiter, nicht der Bauern, aber der Arbeiter, gegen die sozialistische Regierung, bekam diese Schülerin Gesine Cresspahl Angst vor der Wirklichkeit des Sozialismus und floh blindlings nach Westberlin: Sie lief weg. Obwohl sie wußte: Moralisch, politisch, zukunftsbewußt gesehen, tu ich mir das Schlimmste an, was ich tun kann, ich geh in die Vergangenheit ... (Mat 2/21)

Doch die »Heimat im Vergangenen« (Grambow) läßt Gesine ebensowenig los wie Johnson selbst, der im Sommer 1959, wenige Wochen vor Erscheinen der *Mutmassungen*, nach West-Berlin umzog. Der Satz:

> Was Du zurückläßt, es soll nicht alles unentbehrlich sein, (JT IV/1427)

der im Dialog des Schriftstellers mit seiner Romanfigur fällt, gilt auch für ihn. Johnson läßt Gesine ihrer Tochter Marie nicht nur das

10

Straße in Klütz

Elternhaus am Ziegeleiweg in Jerichow so eindringlich schildern, daß diese es für die Mutter basteln kann. Jerichow dient Johnson – eingebaut in eine mit Zitaten aus der *New York Times* belegte Chronik der laufenden Ereignisse vom 20. August 1967 bis zum gleichen Tag des Folgejahrs – als exemplarischer Schauplatz deutscher Geschichte, die er mit unerbittlicher Präzision in unzähligen Geschichten erzählt.

Dazu gehört auch die von Jakob Abs, der mit seiner Mutter, Pferd und Wagen 1945, im letzten Kriegswinter, als Flüchtling von Gesines Vater Heinrich Cresspahl aufgenommen wird im Haus gegenüber der Villa des Ziegeleibesitzers, die später die russische Kommandantur wird. Johnson stattet die Hauptfigur der *Mutmassungen* mit einem biographischen Hintergrund aus Pommern aus, seiner eigenen Herkunft, läßt ihn zunächst in der Landwirtschaft und dann im Gaswerk arbeiten,

> aber als er achtzehn Jahre alt war, fing er an als Rangierer auf
> dem Bahnhof von Jerichow. (Mut 11)

Von Gesine wird Jakob angenommen und geliebt erst als der große Bruder und dann als Vater von Marie. Er bringt es in sieben Jahren bei der Eisenbahn bis zum Inspektor und kommt an einem trüben und regnerischen Novembermorgen des Jahres 1956 bei einem Unfall auf dem Rangierbahnhof einer Stadt an der Elbe ums Leben (»*Aber Jakob ist immer quer über die Gleise gegangen*«).

Es gibt einen Ort Jerichow. Er liegt aber nicht im früheren DDR-Bezirk Rostock, sondern an der Elbe zwischen Genthin und Stendal. Er hat rund 2 350 Einwohner und ist bekannt durch die spätromanische Stiftskirche der Prämonstratenser mit zwei weit die Landschaft überragenden Türmen. Das Jerichow Johnsons und der Cresspahls

> ... zu Anfang der dreißiger Jahre [...] eine der kleinsten Städte in Mecklenburg-Schwerin, ein Marktort mit zweitausendeinhunderteinundfünfzig Einwohnern, einwärts der Ostsee zwischen Lübeck und Wismar gelegen, ein Nest aus niedrigen Ziegelbauten entlang einer Straße aus Kopfsteinen [...] Um die Stadt herum waren viele Scheunen übrig, die Nebenstraßen waren bald Feldwege, und neben Schaufenstern in der Hauptstraße standen hölzerne Hoftore. Da, auf hundertzwanzig Hektar, wohnten Ackerbürger, Kaufleute, Handwerker ...   (JT I/30-31)

ist dagegen auf keiner noch so guten Karte zu finden. Ebenso vergeblich sucht man die dazugehörige Kreisstadt Gneez und das Fischerdorf Rande,

> wo ein Hafen für Jerichow hätte sein können [...] schon am Anfang des Jahrhunderts reich genug für Grand Hotels, Erbgroßherzog, Stadt Hamburg. Jerichow war eine Station geblieben auf dem Weg nach Rande, früher die Diligencen wie jetzt die Omnibusse gaben die zahlkräftigen Badegäste nicht ab.   (JT I/32)

Hof bei Damshagen

Johnson hat seine Erzählweise einmal (in *Berliner Sachen*) als Versuch beschrieben, »eine Wirklichkeit, die vergangen ist, wiederherzustellen«.

Dieser Satz stand am Anfang meiner Spurensuche.

Wenn Johnson in den *Jahrestagen* Gesine für New York seine eigene zeitweilige Adresse (243 Riverside Drive, Apartment 204) samt Telefonnummer sozusagen »schenkt«, um deren Lebensumstände faktenreich und detailgenau zu schildern, dann kann doch Jerichow nicht in einer Provinz nur aus Mutmaßungen liegen? Ich war oft genug in Mecklenburg – den bisherigen DDR-Bezirken Neubrandenburg, Rostock und Schwerin – gewesen. Ließen sich nicht noch, obwohl Johnson schon 1959 aus der DDR weggegangen war, Spuren der von ihm geschilderten vergangenen Wirklichkeit entdecken? Worauf beruhen seine genauen Kenntnisse Mecklenburgs überhaupt?

Johnson hatte im Westdeutschen Rundfunk im Oktober 1983, vier Monate vor seinem Tod, in einem Interview über den Roman gesagt:

Zuchthaus Dreibergen

Er ist erzählt für die Kinder, die in der Klasse dieser Gesine Cresspahl waren von 1948-52, er ist erzählt für die Leute, die im Wintersemester 1952 oder Frühjahr 53 ein Studium an einer Universität der DDR versuchten, er ist auch erzählt für die Leute, die nach dem Aufstand vom Juni 1953 weggegangen sind, in eine ihnen anfangs sehr befremdliche Welt, er ist auch erzählt für die Leute, die in der Bundesrepublik wohnen und solche haben ankommen sehen ... Er ist erzählt für jedermann, der zuhören will, mit der Bereitschaft, zu erwägen, ob es so gewesen sein könnte in der Vergangenheit.

(Mat 2/130)

Jerichow, Rande und Gneez sind fiktiv. Aber alle anderen von Johnson genannten Orte zwischen Dassow an der nordwestlichen Grenze Mecklenburgs am schon zu Schleswig-Holstein gehörenden Dassower See und dem Müritzsee bei Waren sind im Reiseatlas zu finden: die Wohlenberger Wiek (Bucht) mit der Insel Poel oder Bützow, die alte Bischofsstadt mit dem festungsähnlichen Zucht-

Fischland – »... das schönste Land der Welt ...«

haus Dreibergen, in dem Gesines Vater 1946 Gefangener der Russen ist; die Tuchmacherstadt Malchow, in deren Umgebung Heinrich Cresspahl als Sohn eines Gutsstellmachers 1888 geboren wurde, oder Güstrow, wo er vor dem Ersten Weltkrieg Soldat war; von Schwerin und Neustrelitz, den beiden großherzoglichen Residenzen, oder den alten Hansestädten Wismar und Rostock nicht zu reden.

Johnson verführt mit seiner Genauigkeit dazu, beim Lesen die Karte neben das Buch zu legen. So findet man die Ostseebäder Kühlungsborn oder Graal. Auch das Fischland zwischen dem Saaler Bodden und der Ostsee, für Gesine das schönste Land der Welt, ist verzeichnet, besiedelt von Prominenten, für die Bauverbote nicht galten. Auch Bad Kleinen, bei Johnson ein Ort in der Nähe von Gneez, findet man am Nordufer des Schweriner Sees, das Flüßchen Elde oder den Doberaner Forst, die andere Residenzstadt Ludwigslust, durch die lange – auf der Fernstraße 5 – der Transitverkehr zwischen Hamburg und West-Berlin führte, und den Schaalsee.

Wenn Klütz mit seinem kleinen Bahnhof, der einschließlich Kneipe

15

der von Johnson geprägten Vorstellung entspricht, Jerichow ist, mag man sich Gneez dort vorstellen, wo die Karte die Kreisstadt Grevesmühlen verzeichnet. Grambow meint: »Mit den ›Jahrestagen‹ in der Hand ... kann man durch die Straßen gehen und die Chausseen entlang, das paßt alles wie eigens für den Roman vermessen.«

Ob sich Johnson je in Klütz und Grevesmühlen umgesehen hat, war nicht nachweisbar auszumachen. »Notizkalender aus der frühen Zeit in Mecklenburg gibt es nicht oder sind verloren«, berichtet Eberhard Fahlke vom Uwe Johnson-Archiv der Universität Frankfurt am Main. »Vielleicht hat er sie auch vernichtet.« Für diese Annahme spricht einiges. Jahre später, in *Begleitumstände* (1980), berichtete Johnson, wie er bei seinen ersten schriftstellerischen Versuchen während des Studiums in Rostock (1953) Walter Benjamins Thesen über die Technik des Schriftstellers »für sich noch einmal« erfand, aber nicht durchgehend beherzigte:

> Deswegen kann einer, der in Zeiten wie diesen etwas aufschreibt, nur die erste Hälfte der V. von Walter Benjamins Thesen beherzigen:
> Lass dir keinen Gedanken inkognito passieren,
> jedoch wird er sich hüten, die Fortsetzung zu befolgen:
> und führe dein Notizheft so streng wie die Behörde das Fremdenregister.
>
> (BU 72)

Aber: In Johnsons umfangreicher Bibliothek, die nach seinem Tod von Sheerness-on-Sea an der Themse-Mündung nach Frankfurt überführt wurde, stecken in Reiseführern und Landschaftsbeschreibungen noch Zettel. Wenn in einem dieser Bücher die Gegend um Klütz mit ihren Weizenfeldern als »Klützer Ort« beschrieben wird, weil die Küste mit einer stumpfen Spitze in die See ragt, macht Johnson daraus

> die kleine Stadt, versteckt an der See, versteckt im Weizen
>
> (JT III/1192)

Zug auf der Strecke 783 Grevesmühlen

und den »Jerichower Winkel«. Doch schon die von ihm in der Nähe von Jerichow genannten Dörfer Kalkhorst und Damshagen liegen acht Kilometer westlich und vier Kilometer südlich. Wer mit dem Auto von Grevesmühlen nach Klütz will, muß durch Damshagen, das einmal der Adelsfamilie Plessen gehörte. Gäbe es für die Gegend, über die immer ein Wind von der Ostsee her weht, nicht auch die Bezeichnung »Klützer Winkel«, ließe sich fast sagen, die Genossenschaftsbauern der dortigen LPG kennten die *Jahrestage*. Ihre Genossenschaft heißt »Klützer Winkel«.
Die Eisenbahn von Jerichow nach Gneez,

... weil die Ritterschaft das Transportmittel brauchte,

(JT I/32)

hat im DDR-Kursbuch die Nummer 783 Grevesmühlen–Klütz (Meckl) und zurück.

Hätte das Landratsamt Gneez seinen Bedarf auf Lastwagen

aus dem Küstengebiet holen können, auch diese meist eingleisige Strecke wäre abgeschraubt worden für die Sowjetunion. So aber wurde die Strecke befahren, fahrplanmäßig dreimal am Tag, und das Kind Cresspahl kam in seine weiterführende Schule zu Gneez … (JT IV/1429)

Einheimische nannten die Bahn früher, als dort noch Dampfloks fuhren, »Klützer Kaffeebrenner«. Mit Dieselloks geht es heute schneller. Statt »nach dem Fahrplan 41 Minuten, damals etwa eine Stunde«, wie Gesine erinnert, brauchen die Züge nur noch knappe dreißig Minuten. Aber das Bild stimmt: Der Zug

> […] von der Küste geht Gneez an in einer weitbauchigen Westkurve, so daß die dünnen scharfen Turmspitzen von Lübeck da halbrund aufgebaut sein können, wie in einem Guckkastenbild. (JT IV/1429)

Bei gutem Wetter und heruntergelassenen Fenstern ahnt man von Klütz aus rechts in Fahrtrichtung tatsächlich Lübeck. Deutlich erkennbar ist Travemünde mit seinem Hochhaushotel und den weißen Fährschiffen nach Skandinavien. Der Fahrplan verzeichnet gegenwärtig täglich fünf Zugpaare, die unterwegs viermal halten. In der Erntezeit werden sie oft mit Schüttgut-Waggons mit der Aufschrift »Getreide« verlängert. Das ist nicht neu. Gesine weiß, daß die Züge damals zusammengesetzt waren

> aus drei Wagen jener Dritten Klasse, in der die durchgehenden Abteile umschichtig je eine Tür haben nach links oder rechts, dazu zwei oder drei Güterwagen, auf denen die in Jerichow gesammelten Kartoffeln, Rüben, Weizensäcke zur Versorgung der Stadt Gneez angeliefert wurden. (JT IV/1428-29)

Selbst den »Milchholerzug«, den die Fahrschülerin benutzte, gibt es noch: Klütz ab 6.23 Uhr, Ankunft in Grevesmühlen um 6.50 Uhr.

Bahnhof Grevesmühlen

Schließlich stimmt noch ein drittes Bild:

> [...] auf dem Bahnhof Gneez steht der Jerichower fast genau in der Richtung Ost-West, da könnte er mit ein wenig Rangierens nach Hamburg oder Stettin auf den Weg gebracht werden; nun beide Städte der klassischen Linie abgesperrt waren durch Grenzen, kam er über den Bahnsteig 4 nicht hinaus. Gneez hatte vier Bahnsteige. (JT IV/1429)

Der Bahnhof Grevesmühlen liegt genau in der beschriebenen Ost-West-Richtung. Die Hafenstädte Hamburg und Stettin (heute das polnische Sczezcin) waren durch die Strecke über Grevesmühlen verbunden. Sie verlief über Lübeck, Herrnburg (früher Grenzübergang), Bad Kleinen, Güstrow, Neubrandenburg und Pasewalk. Die schon 1875 auf einer Karte eingezeichnete Verbindung war zwischen Herrnburg und Strasburg die Mecklenburgische Nordbahn der 1890 geschaffenen Großherzoglichen General-Eisenbahn-Direction Schwerin.

Johnson hat in Interviews mehrfach bestritten, daß Klütz und Jerichow identisch sind. »Jerichow wäre um ein Weniges westlicher von Klütz zu erwarten«, schrieb er Hansjürgen Popp im Februar 1968 aus New York, noch während der Arbeit an *Jahrestage*, zu dessen Analyse und Interpretation von *Mutmassungen über Jakob*. Und ergänzte: »Die Existenz Jerichows mag bitter sein für das abgeschlagene Klütz, aber hoffentlich nur für Klütz.« Fiktive Realitäten, erläuterte er, ließen sich »nur in große Stadtlandschaften wie Berlin oder New York einschmuggeln; in einer mehr übersehbaren Siedlung, und hätte sie bloß zwanzigtausend Einwohner, würde ihr tatsächlicher Zustand samt ihrer Vorgeschichte das Erfundene verdrängen als nicht ›möglich‹«.

Besuche in Klütz (3609 Einwohner) und Grevesmühlen ergeben freilich, daß Johnsons fiktive Realitäten Entsprechungen haben, sich finden lassen. Nicht nur sagt er im dritten Band der *Jahrestage* im ironisch-treffsicheren Kapitel »Wenn Jerichow zum Westen gekommen wäre«:

Marktplatz Klütz

Die Stadtstraße wäre ein Kanal zu ebener Erde, asphaltiert, eingefaßt von Kristallglas und Chrom. Auch in den ärmsten Häusern wären die Kreuzstöcke ausgebrochen, ersetzt durch Schaufenster oder doppelglasig versiegelte Apparate, zweiseitig schwenkbar. [...] Jerichow würde zum Zonengrenzbezirk Lübeck gehören. Abgeordnete im Kieler Landtag. Schimpfen auf Kiel. Der überlebende Adel kandidiert für die C.D.U. [...] Der Flugplatz Jerichow-Nord wäre der Flugplatz Mariengabe, für nichts zugelassen als privates Gerät, Konkurrenz für Lübeck-Blankensee. Die Bahnen waren ja länger als 1800 Meter, Wertarbeit von 1936 obendrein. Mariengabe das jährliche Ziel von internationalen Sternflügen. Sportlich, privat, dicht an der Grenze und nichts als friedlich. [...] In der Nähe von Rande wäre ein Radarhorchplatz eingerichtet, auf der Steilküste nicht weit von der Grenze, durch Knicks vor Einsicht geschützt ... (JT III/1240, 1242)

Sondern schließlich ganz knapp:

21

Marien-Kirche in Klütz

Manchmal, und öfter, benähmen sich die Jerichower als wären sie Klützer. (JT III/1243)

Wie Johnson in seinem Brief an Popp einräumte, daß er für die »Elbestadt« der *Mutmassungen* Wittenberge und Magdeburg »zusammengelegt« habe, hat er sich Jerichow und Gneez sozusagen selbst gebaut: aus Bekanntem wie Angelesenem, kennengelernt aus historischen wie zeitgenössischen Ansichten und Beschreibungen, die er in seine bildkräftige Erzählweise umsetzte. Als »Vorlagen« dienten wohl auch Postkarten. Die sammelte Johnson ähnlich besessen wie sein Vorbild Walter Benjamin. Das gestattet eigene neue »Ansichtspostkarten« von Jerichow und Umgebung.
Zum Beispiel vom Markt. Er liegt in Klütz wie in Grevesmühlen »zur See hin« im Norden, wie für Jerichow beschrieben. Die heutige Sparkasse neben dem gepflegten Haus aus Fachwerk und roten Klinkern ist als ehemalige Raiffeisenkasse identifizierbar. Sogar die Telefonzelle ist da, in der sich Gesine versteckt, als sie aus Pastor Brüshavers Konfirmanden-Unterricht wegrennt. Das »Haus der Technik« der früheren Handelsorganisation (HO) mit Herden, Radios, Fernsehgeräten und Uhren in den Fenstern läßt sich vorstellen als »Eisenwarenlager« von Heinz Wollenberg (wo es Dochte und Zylinder für Petroleumlampen gibt, Zentrifugenfilter und Kuhketten, aber auch Nägel und Schrauben oder Ofenrohre), dessen Tochter Lise mit Gesine zur Tanzstunde im »Hotel Sonne« in Gneez geht. Dort kauft eine Schulfreundin von Gesine, Anita Gantlik, im Mai 1968, als sie Jerichow von West-Berlin aus besucht, ein Herrenfahrrad und schreibt nach New York:

Es gibt keine Ansichtenpostkarten von Jerichow. (JT IV/1772)

Der Turm von Pastor Brüshavers Petrikirche, den Johnson mit einer Bischofsmütze vergleicht,

[...] lang und spitz läuft er zu, und wie die Mütze eines Bischofs hat er Schildgiebel an allen vier Stirnen, (JT I/31)

Marktplatz Grevesmühlen

gleicht dem der Pfarrkirche St. Marien in Klütz auf der Anhe-
bung über dem Markt, »eingewickelt vom Laub sechshundertjäh-
riger Bäume«. Es gibt aber in Mecklenburg auch andernorts, in
Parkentin bei Rostock, Neubuckow oder Bützow, solche
Bischofsmützentürme, die den Feldsteinkirchen »aus der romani-
schen Zeit« bei ihrer Erweiterung im backsteingotischen Stil an-
gefügt wurden.

Das Rathaus von Jerichow mit den »falschen Klassikrillen« könnte
sich Johnson aus Grevesmühlen entliehen haben (der »Rat der
Stadt« Klütz residiert in einer Klinkervilla in der Thälmann-Straße,
die aussieht wie das Haus eines früheren Landarztes). Das repräsen-
tativere Rathaus von Grevesmühlen mit der Treppe zum hochgele-
genen Erdgeschoß mag bis zur Modernisierung vor einigen Jahren
durchaus eine pseudoklassizistische Fassade gehabt haben. Im rechten Winkel dazu auf der anderen Seite des bloß noch als Parkplatz
dienenden Marktes läßt sich das ehemalige Volkspolizei-Kreisamt
als Anwesen des Getreidehändlers Albert Papenbrock denken, des
Großvaters mütterlicherseits von Gesine. Der »König von Jeri-

Schloß Bothmer

chow« hatte das stattliche Haus – Johnson nennt es aus der Sicht der Einheimischen einen Palast – in der Inflation den von Lassewitz abgekauft.

Aus dem Tagebuch eines Offiziers

Ein bewimpelter Punkt auf der Karte weist südlich von Klütz zu Schloß Bothmer. Der Name fällt bei Johnson auch für die Umgebung von Jerichow, obwohl er »die Ritterschaft« eher pauschal abhandelt:

> In diesem Winkel regierte der Adel, Arbeitgeber, Bürgermeister, Gerichtsherr über seine Tagelöhner, als Raubritter berühmt geworden, als Unternehmer wohlhabend. [...] Die Ritterschaft kaufte in Jerichow Ersatzteile für ihre Maschinen, sie benutzte die Verwaltung, die Polizei, die Rechtsanwälte, Papenbrocks Speicher, aber ihre großen Geschäfte machte sie in Lübeck ab... (JT I 31/32)

Bei Bothmer weicht Johnson vom Plural (die »Plessens«, die »Ober-bülows«, die »Lüsewitzens«) ab, nennt Vornamen und gibt der Familie eine kleine Geschichte. Im Anhang zum zweiten Band der *Jahrestage* widmet er den einstigen Schloßherren, die in der »Graf-schaft Bothmer« in den besten Zeiten über rund sechstausend Hek-tar Grundbesitz verfügten, vier knappe Zeilen. Ich lese sie als Mi-niatur adliger Tugenden:

> Als ein anderer Graf, Hans Kaspar von Bothmer, aus dem Krieg zurückkam, schwer verwundet, öffnete er sein Schloß als Typhuskrankenhaus, half bei der Pflege und starb nach nicht langer Zeit am Fleckfieber. (JT II/XIV)

Zu dem Schloß, heute »Feierabendheim« (Altersheim) des Kreises Grevesmühlen, führt eine Allee aus dicken alten Linden, wie sie immer noch typisch ist für viele Landstriche in der einstigen DDR. Sie zweigt am Sportplatz gegenüber dem städtischen Friedhof von der Chaussee nach Grevesmühlen ab. Bothmer ist eine weiträu-mige, streng symmetrische barocke Anlage. Ein blauweißes Rauten-symbol weist sie als geschütztes Baudenkmal aus. Restaurierungs-arbeiten sind im Gange.
Edmund Schroeder (*Mein Mecklenburger Land*) nennt diesen Her-rensitz mit seinem ausgedehnten rückseitigen Park »so unmeck-lenburgisch wie möglich« und das Blenheim House des Herzogs von Marlborough als Vorbild. Die Verknüpfung von deutscher, englischer und mecklenburgischer Geschichte in Klütz ist indes enger, reicht bis Downing Street No. 10, District of Westminster, London.
Die Bothmers, niedersächsischer Uradel, waren nach dem Nordi-schen Krieg (1700-21), der die schwedische Vorherrschaft über die Ostsee beendete, nach Mecklenburg gekommen. Das Land war bil-lig nach den Kriegsverwüstungen. Der Gründer des 1726 begonne-nen Schlosses, Hans (oder Johann) Caspar von Bothmer (den Titel »Reichsgraf« erhielt er 1713 durch Kaiser Karl VI.), war Diplomat im Dienst der Welfen und seit 1710 deren Gesandter in London. Er

Gedenktafel in Schloß Bothmer

erwarb das Vertrauen von Queen Anne und sorgte nach ihrem Tod
(August 1714) dafür, daß Kurfürst Georg Ludwig von Hannover
als George I. englischer König wurde, obwohl dieser kein Wort
Englisch sprach (die Personalunion mit Hannover bestand bis
1837). In historischen Veröffentlichungen wird Bothmer mal als
großer Staatsmann und »Vater der Könige«, mal als Kopf der
»Hannoverschen Junta« am britischen Hof bezeichnet.

Count Bothmar, wie er in England genannt wurde, lebte in einem
Haus im Besitz der Krone am St. James Park, das nach seinem Tod
(6. Februar 1732) mit einem schmalbrüstigen Klinkerhaus an der
Rückseite zusammengelegt wurde. Dort zog drei Jahre später Sir
Robert Walpole als erster britischer Premierminister ein. Es ist seit-
dem Amtssitz aller britischen Regierungschefs (die berühmte Haus-

nummer 10 erhielt es allerdings erst 1779). Count Bothmar wurde zunächst in London begraben. Der Sarg wurde aber 1934 in die Familiengruft nach Klütz überführt.

Besucher in Bothmer sind, wenn sie keine Angehörigen unter den 230 Bewohnern des Heims haben, eigentlich nicht gern gesehen. Aber schließlich darf ich beim zweiten Versuch doch im Treppenhaus des rechten Flügels die hölzerne Gedenktafel fotografieren, von der ein Kirchenmann aus Wismar erzählt hatte. Dort ist dokumentiert, was Johnson beschrieb: »Im Jahre 1945/46 liessen nachstehendes Pflegepersonal in diesem Hause im Dienste des Seucheneinsatzes ihr Leben.« Als zehnter von elf Namen steht dort schlicht Hans v. Bothmer. Eine überraschende Entdeckung.

Der Tote war allerdings nicht Eigentümer des Schlosses, sondern ein Neffe des letzten Hausherrn, Ludwig von Bothmer, der während des Krieges Standortoffizier in Rostock war. Die Familie war vor der anrückenden Roten Armee im Frühjahr 1945 nach Westen geflohen.

Der vor einigen Jahren von der in der Bundesrepublik lebenden Familie auf dem Klützer Friedhof an der Stelle der ehemaligen gräflichen Grabkapelle errichtete bescheidene Stein gibt nähere Auskunft: Hans Kaspar von Bothmer wurde am 31. Januar 1919 in München geboren und starb am 12. Februar 1946. Das Familienarchiv teilte mit, daß er 1939 begonnen hatte, Medizin zu studieren, aber dann Soldat wurde. Er wurde 1944 als Leutnant in der Sowjetunion schwer verwundet. Nach der deutschen Kapitulation ging er von Lübeck aus, seinem letzten Standort, noch vor der Übernahme des zunächst von den Engländern besetzten westlichen Mecklenburg durch die Sowjets (1. Juli 1945) nach Klütz in das leerstehende Schloß der Verwandten.

Das führte zu neuen Fragen – und einem Briefwechsel mit Hans Jörg von Bothmer in Wahlwies/Bodensee. Ihm verdanke ich ein Tagebuch seines Bruders für das Jahr 1945 und zwei Briefe an die Mutter. Sie lassen – schemenhaft – eine Art Gegenbild zu den Erlebnissen und Erfahrungen Johnsons gegen Ende des Krieges entstehen, die er in *Begleitumstände* schildert:

Hans Kaspar von Bothmer

Mithin war ich fast elf Jahre alt, als ich meinem Staatsober-
haupt Adolf Hitler zum letzten Mal begegnete in einem
mecklenburgischen Dorf. Vertrauensvoll und gerissen blickte
der da in eine Gute Stube, als stünden keine Sowjets vor
seinem Bunker, als sei der Reichssender Hamburg immer
noch in grossdeutschen Händen statt in denen der Angelsach-
sen. Dann gilt als Kindermund die Frage, ob dieser Wand-
schmuck auch rechtzeitig abgenommen werde.
Die Antwort lautete: Das hat äe nich verdient, mein Kint.

(BU 25/26)

Das läßt sich ziemlich genau datieren: Am 23. April 1945 hatten
englische Panzerspitzen Hamburg-Harburg erreicht; zwei Tage

später setzten die Sowjets in Berlin zum Sturm auf Reichstag und Reichskanzlei an.

Auf der Flucht vom vorpommerschen Anklam nach Westen waren die Johnsons – seine Mutter, seine jüngere Schwester und er selbst – Ende April 1945 bei »Onkel Milding« in Recknitz nordöstlich von Güstrow untergekommen. Seine Frau war eine Schwester von Johnsons Vater. Milding war der Dorfschmied in Recknitz. »Der erste Besuch eines sowjetischen Pferdewagens mit Maschinengewehr«, von dem Johnson vierunddreißig Jahre später berichtete, erfolgte in Recknitz schon am 1. Mai.

> Die Sachen zur Eroberung der Welt lagen am Wegrand, im Teich, im Wald: Seitengewehre, Munition, Karabiner, Handgranaten; leer blieb der Himmel von den Geheimwaffen des Ministers für Volksaufklärung und Propaganda. [...] (BU 28)

Leutnant von Bothmer schildert diese Zeit in seinem mit einem Datumstempel selbst gemachten Kalender trocken, sozusagen soldatisch knapp. Besorgnisse, Fragen oder Gefühle gelten der militärischen Lage, hin und wieder Bruckners Musik aus dem Radio oder von Schallplatten. Nur wenige lebten damals im Bewußtsein historischer Umbrüche oder Veränderungen.

Der Offizier war im Januar 1945 bei einer Genesungskompanie in Braunschweig, erhielt aber zunächst drei Wochen »Urlaub zur Wiederherstellung der Gesundheit«. Er verbrachte ihn – davon ist noch zu reden – in Klütz bei den Verwandten und notiert dort, ganz in Landsermanier, »Essen wie im Frieden«. Im März war er in Itzehoe und bildete ehemalige U-Boot-Leute, die er »herrliche Kerle« nennt (2. März), zu Infanteristen aus, beklagt aber fehlende Waffen. Vor dem Ausrücken des Regiments mußte er »Pferde und Wagen vom Land einziehen« (4. April).

Nur gelegentlich finden sich, aber in der Diktion der Wehrmachtsberichte, persönliche Bemerkungen: »Besorgniserregende Lage an der Ostfront« (18. Januar); »Amerikaner vor Stuttgart. Was wird wohl aus Mutter ...?« (9. April); »Anglo-Amerikaner verhalten an der Elbe. Sollte sie tatsächlich Grenze zu den Russen werden? Bothmer?« (23. April). Der wegen seiner Verwundung offenbar nicht einmal für das »Letzte Aufgebot« brauchbare Leutnant nörgelt auch über fehlende »Beschäftigung« und notiert Gerüchte über die bevorstehende Entlassung der »AV-Leute« (Arbeitsverwendungsfähig im Gegensatz zu KV – Kriegsverwendungsfähig). Hier langweilt sich einer.

Den Schock über den Verlust bisheriger Wertvorstellungen kennzeichnet am 1. Mai ein sorgfältig mit dickem Stift gemaltes schwarzes Kreuz hinter der Eintragung »Der Führer«. Darunter die Zeilen »Kämpfend bis zum Letzten i.d. Reichskanzlei. Fortsetzung d. Kampfes gegen den Bolschewismus. Großadmiral Dönitz Nachfolger«. Am 2. Mai notiert Bothmer: »Lübeck kampflos den Engländern übergeben. Maßlos trauriger Anblick!« Aber schon einen Tag später hat er die Uniform ausgezogen, ist in Zivil und versucht, allerdings vergeblich, nach Klütz zu kommen. Am 8. Mai benutzt er wieder den dicken Stift: »0.01 Waffenruhe«.

An den nächsten Tagen, vordergründig ausgefüllt mit der Beschaffung von Lebensmitteln und neuen Versuchen, von Lübeck nach Mecklenburg zu kommen, fühlt sich der wegen seiner Verwundung von der Gefangenschaft verschonte ehemalige Offizier unbehaglich. Er begegnet zum ersten Mal befreiten politischen Häftlingen und Zwangsarbeitern: »An männlichen Wesen sieht man fast ausnahmslos Zuchthäusler, KZ-Leute, Ausländer und hin und wieder einen Kriegsversehrten« (22. Mai).

Von Lübeck aus hilft Bothmer dann Anfang Juni den Verwandten eine Woche lang das teilweise geplünderte Schloß bei Klütz zu räumen (»Trostloses Bild«). Dazwischen (12. Juni) kolportiert er eines der vielen umlaufenden Gerüchte: »Russe will Klützer Winkel besetzen, Tommy geht nicht. Eine kriegerische Auseinandersetzung scheint unvermeidlich, aber Tommy sicher zu schlapp«.

Aber schon am 21. Juni zieht der Graf mit zwei Freunden und einer Verwandten »endgültig« nach Klütz: »Russenlage günstig«. Sie richten das Schloß in Etappen wieder her, genießen »nach ziemlichen Hungerwochen« frisches Gemüse und Obst, fahren sogar nach Boltenhagen zum Baden. Man versuchte, das alte Leben wie mit geschlossenen Augen fortzusetzen. Kein Wort über Klütz und seine Bewohner oder die Flüchtlinge.

Das war die Zeit, in der bei Johnson Heinrich Cresspahl Bürgermeister in Jerichow war, eingesetzt von den Engländern, die

> schickten ihm morgens einen Fahrer mit Jeep, der ihn zur Arbeit brachte und von einem Ende der geringfügigen Stadt zum anderen. Sie setzten ihm den Union Jack auf das Rathaus und stellten ihm einen Posten vor sein Zimmer. [...] Und Cresspahl war der einzige Deutsche in Jerichow, der den elektrischen Strom nicht nur für den Betrieb des Radios benutzen durfte. [...] Unter dem weißen Sommerhimmel saß die Stadt klein und beruhigt da, wie im Frieden. [...] Jeden Abend um neun Uhr wurde die Stadt gehorsam still und dunkel; auch die Kinder hatten den Hunger mittlerweile gelernt.   (JT II/993-994)

Er weiß auch zu berichten, daß zum »ordentlichen Ansehen« der kleinen Stadt gehörte, daß es »keine Schlangen vor den Dienstzimmern des Rathauses« gab und »kein Flüchtling auf freiem Felde übernachten« mußte. Das »unordentlichste Haus« nennt Johnson das von Cresspahl selbst. Es war zur Hälfte aufgeteilt unter Flüchtlinge aus Pommern und Ostpreußen. Cresspahl verließ sich darauf, daß Frau Abs die beiden an Typhus erkrankten Kinder (Gesine und Hanna Ohlerich, eine Waise aus Wendisch Burg) »mit ihren Schrotsuppen am Leben hielt und womöglich kurierte«. Und gibt wortgetreu wieder, was ihm Gesine erzählt:

> Es war das Gesicht von Jakobs Mutter, das ich in diesem Sommer über mir sah, hager, trocken, schmaläugig; verzweifelt, wenn wir zum Essen zu schwach waren.   (JT II/994)

Folgt man dem Tagebuch des ehemaligen Offiziers, liegt Bothmer Welten entfernt. Er schwärmt vom guten Wetter und Essen, spielt

Das Wappen der Bothmers

Skat oder Schach mit einem Vetter. Sorgen macht er sich nur um seinen Onkel, den er »Ohm Lud« nennt. Doch am Sonntag, dem 1. Juli, mit veränderter Handschrift – Lateinisch statt Deutsch –: »Russen besetzen doch Klützer Winkel bis Selmstorf« (richtig Selmsdorf). Hans Kaspar von Bothmer blieb jedoch mit einem Freund (»Alles geflohen«) und ergänzt: »Ich glaubte immer, für Bothmer lohnt es sich, ein Opfer zu bringen« (3. Juli). Es folgen spärliche Notizen über die Einrichtung einer »russischen Kommandantur« im Schloß und am 25. Juli der Vermerk »Enteignung des gesamten Großgrundbesitzes«.

Am 4. und 5. September, nach zwei Monaten Ungewißheit und Unsicherheit ohne Eintragungen, vermerkt das Tagebuch: »Bothmer wird Isolierkrankenhaus für Typhus, Diphtherie, Scharlach,

Fleckfieber. Chef: Dr. Streiber; Assist: Dr. Gräfin Keyserlingk; Ich Verwalter«. Schon drei Tage später beherbergt das Schloß fast 400 Patienten, und Bothmer kümmert sich um Lebensmittel und Stroh für die Lagerstätten. Er zählte sich »zu den Hoffenden unter den Menschen«, war erleichtert, der Zeit bis zur Wiederaufnahme des Studiums trotz aller Voreingenommenheiten gegen ihn als ehemaligen Offizier einen Sinn geben zu können. Der lateinische Wappenspruch der Familie, prudentur agas et respice finem (Handle klug und bedenke das Ende), war ihm ernst.

Ein Augenzeuge jener Wochen, der damalige Klützer Pastor Willy Wömpner, berichtet später der Mutter, er habe »den letzten Graf von Bothmer« am 12. September 1945 zum ersten Mal erlebt, als acht Typhustote auf einmal beizusetzen waren. Doch die Träger fürchteten sich wegen der Ansteckungsgefahr, die Särge anzufassen. »Da lächelte er, stellte seinen Stock beiseite, faßte einen Sarg mit beiden Händen, zog ihn vom Wagen und sagte dabei: ›Sie brauchen keine Angst zu haben, dabei steckt man sich nicht an!‹« Auch bei anderen Gelegenheiten habe er mehrfach miterlebt, schreibt der Geistliche tröstend, daß Bothmer vor allem bei der Ankunft an Typhus erkrankter Kinder »ohne Rücksicht auf sein eigenes Leben« gehandelt habe.

Die spontane Hilfs- und Opferbereitschaft, über die er in seinen Aufzeichnungen nicht reflektierte, half Bothmer wenig. Schon Ende September begannen Intrigen gegen den ehemaligen Offizier. Er durfte nur noch »Büroschreiber« sein, wurde entlassen und wieder eingestellt. Dem denunziatorischen Vorwurf, er habe »Bothmer zu einer reaktionären Trutzburg« machen wollen, folgt Ende November die endgültige Entlassung; knapp sechs Monate nach Kriegsende zeigt die neue Bürokratie ihre Macht. »Weiter aber hier beschäftigt«, schreibt er am 1. Dezember dazu, »da kein Ersatz«. Wenige Tage vorher, am 24. November, vermerkt der Kalender: »Typhus. Länger schon übel. Schwester Annemarie pflegt mich in rührender Weise«. Doch die gerade 24 Jahre alt gewordene Schwester infizierte sich selbst und starb am Heiligen Abend »unter dem letzten Licht des Weihnachtsbaums«. Fünf Tage später (»Nach Bo-

Grab Bothmer

bitz zur Beerdigung von Schwester Annemarie ...«) brechen die
Eintragungen ab. Die Gedenktafel im Schloß nennt sie als das erste
Opfer des Krankenhauspersonals.
Ein anderer Brief bestätigt die von Johnson in *Jahrestage* genannte
Todesursache von Hans Kaspar von Bothmer: Fleckfieber. Gräfin
Hanna Keyserlingk teilte der Mutter im März 1946 mit, die eigene
Typhus-Erkrankung habe er überstanden, sich aber an Fleckfieber
infiziert. Trotz reichlich zur Verfügung stehender Herzmittel habe
der Kreislauf versagt. Die Ärztin nennt die Todeszeit: 21.20 Uhr am
12. Februar 1946.
Die Beisetzung sechs Tage später in der (inzwischen abgerissenen)
Bothmerschen Kapelle muß für Klütz ein Ereignis und noch lange
Stadtgespräch gewesen sein. Nach Johannes 15, Vers 13 (»Nie-

mand hat größere Liebe denn der, der sein Leben läßt für seine Freunde«) hob der Geistliche den »Dienst an den Schwerkranken« ebenso hervor, wie den Einsatz des Grafen im Krieg und dessen Verwundung. »Sehr viele Klützer« nahmen daran teil, schreibt Wömpner der Mutter in die amerikanische Besatzungszone: »Die kleine Kapelle war dicht gedrängt gefüllt und viele standen noch draußen.« Auch das gesamte Krankenhaus-Pflegepersonal war dabei.

Pastor Wömpner hat die Namen der von ihm auf dem kirchlichen Friedhof von Klütz beigesetzten Toten aus dem bis Sommer 1947 bestehenden »Typhuskrankenhaus Bothmer« eigenhändig in das Kirchenbuch eingetragen. Die erste war die 32jährige Hausgehilfin Frieda Zülke aus dem Kreis Saatzig. Sie starb vier Tage nach Einrichtung des Krankenhauses, erhielt im Sterberegister 1945 die Nummer 133 und wurde am 9. September mit drei weiteren Typhusopfern beerdigt.

1945 mußte der Pfarrer insgesamt 254 Beerdigungen vornehmen, davon 68 aus dem Isolierkrankenhaus. »Aus Holzmangel« geschah das, wie Wömpner in seiner Jahreschronik notierte, oft mit einem »wiederverwendbaren Notsarg« und in Massengräbern nicht nur auf dem Friedhof an der Wismarischen Straße, sondern auch nahe der Bothmerschen Grabkapelle an der Chaussee nach Grevesmühlen. Dort wurde dann Ende der sechziger Jahre der städtische Friedhof angelegt. Hans Kaspar von Bothmer erhielt im Sterberegister 1946 die Nummer 79. Das letzte Typhusopfer aus dem Schloß war im Juli 1947 (Nr. 37/47) die 79jährige Leotine Treymann aus Riga.

Weniger feierlich-bürgerlich schildert Johnson eigene – und damit prägende – Erinnerungen als Elfjähriger »in einem mecklenburgischen Dorf« (Recknitz):

Hinter dem Gemeindewald steht ein Schloss, darin spukt es. Das ist der Tod, der dort vorspricht bei den Flüchtlingen: mit den Trecks aus dem Osten ist die Typhusseuche angekommen. Am Schloss ist ein Begräbnisplatz nur für Personen

gräflichen Standes. So werden die Toten auf Erntewagen ins
Dorf gebracht, wie Fracht gestapelt, wie Abfall verscharrt ...

(BU 29)

Das Tagebuch des Grafen und die Berichte über ihn ergänzen
den Schriftsteller frappierend, erhellen die Motive seines Schrei-
bens. Das Wenige an Erinnerung über den kurz nach seinem
27. Geburtstag gestorbenen ehemaligen Offizier aus einer alten
Adelsfamilie ist ein kleiner Mosaikstein, der Johnsons Genauigkeit belegt.
Ein schlichter Gedenkstein auf dem kirchlichen Friedhof von Klütz
und ein Mahnmal auf dem Tannenberg bei Grevesmühlen, an dem
bisher in jedem Jahr am 3. Mai Abordnungen der Stadt feierlich
Blumen und Kränze niederlegten, führen zu einer Passage im dritten
Band der *Jahrestage*, in der Johnson ausführlicher auf die deutschen
Konzentrationslager und die dort verübten Verbrechen eingeht als
bei der Aufzählung der Opfer der Nazi-Justiz in Mecklenburg im
Band zuvor. Am 3. Mai 1945 hatten britische Flugzeuge in der
Lübecker Bucht das Passagierschiff »Cap Arcona« und die Fracht-
dampfer »Thielbeck« und »Athen« mit mehreren tausend Häftlin-
gen des KZ Neuengamme an Bord angegriffen und versenkt.
Hier war die Spurensuche einfach. Wenn Gesine ihrer Tochter Marie berichtet,

[...] Gerettet wurden 3 100 Menschen. Umgekommen war
eine Zahl Menschen zwischen sieben und achttausend. Gegen siebzehn Uhr übernahmen die Engländer Neustadt, britische Zone wie Jerichow, zwischen den beiden Städten durfte
noch gesprochen werden, daher wußten wir es.
Die Toten trieben an alle Ufer der Lübecker Bucht, von Blies-
torf bis Pelzerhaken, von Neustadt bis Timmendorfer Strand,
in die Mündung der Trave hinein, vom Priwall bis Schwansee
und Redewisch und Rande, noch in die Wohlenberger Wiek
hinein, bis an die Insel Poel, das andere Timmendorf. Sie ließen sich finden fast jeden Tag. (JT III/1114)

Cap Arcona – Gedenkstein in Klütz

ist im Johnson-Archiv in Frankfurt die Quelle auffindbar. Bis in die kleinsten Details wie die Größe der Schiffe, ihre Reedereien, ihr Schicksal nach dem Krieg, den Zeitpunkt des englischen Luftangriffs und das Verschweigen der sinnlosen Tragödie in der Ostsee in amtlichen britischen Dokumenten über den Luftkrieg gegen Deutschland bis zu den aufgezählten Orten, wo die Leichen angeschwemmt wurden – fiktiv ist hier nur »Rande« –, folgt Johnson einem 1972 nach langen Recherchen im holsteinischen Neumünster gedruckten Bericht des ehemaligen Neuengamme-Häftlings Rudi Goguel, der den Untergang der »Cap Arcona« überlebte.

Was der DDR-Historiker ausführlich mit Dokumenten, Faksimiles, Karten und Fotos sowie umfangreichen Zitaten anderer Überlebender auf 136 Druckseiten berichtete, verdichtet Johnson zu acht Romanseiten. Wenn es dort heißt, der britische Kommandant von Jerichow habe »den Deutschen ihre Toten übergeben«:

> Sie durften dann die Särge schließen und auf den Friedhof tragen. Als das Massengrab zugeschippt war, schossen die Briten eine Ehrensalve in die Luft [...]   (JT III/1115)

dann finden sich im *Report über den Untergang der Häftlingsflotte in der Lübecker Bucht* drei Fotos. Sie zeigen eine von den Eng-

38

ländern veranlaßte Kundgebung in Neustadt/Holstein am 7. Mai 1945 zu Ehren der »Cap Arcona«-Opfer. Unter einem lautet die Unterschrift »Britische Ehrensalve über dem Massengrab von Neustadt«.

Der Gedenkstein auf dem Friedhof von Klütz, Johnsons Jerichow, wurde für 16 dort beigesetzte Opfer der »Cap Arcona«-Katastrophe errichtet. Sie waren, wie Pastor Wömpner in seiner Chronik für 1945 festhielt, im August »völlig nackt und mit Genickschüssen getötet« am Strand von Boltenhagen, Johnsons Rande, angeschwemmt worden. In Grevesmühlen wurden 407 »Cap Arcona«-Tote beigesetzt. Beide Gedenksteine zeigen den roten Winkel, mit dem die Nazis in den Konzentrationslagern die »Politischen« kennzeichneten.

Hier muß ich noch einmal auf das Tagebuch des Leutnants von Bothmer zurückkommen. Wenn er am 22. Mai 1945 in Lübeck notiert, man sehe in der Stadt »ausnahmslos Zuchthäusler, KZ-Häftlinge«, dann waren das zweifellos Überlebende der Häftlingsflotte. Das englische Militär hatte unmittelbar nach der Einnahme Neustadts das Bürgermeisteramt als Ortspolizeibehörde mit der Ausstellung provisorischer Ausweise – in Englisch – beauftragt. Goguel veröffentlicht in seinem Buch seine eigene Bescheinigung mit dem Datum des 12. Mai 1945.

Auch für den Dialog zwischen Gesine und ihrer Tochter über den heutigen Aufbewahrungsort der Schiffsglocke der »Cap Arcona«, das Freiheitsmuseum in Kopenhagen, hat Johnson bei Goguel nachgeschlagen. Der dänische Widerstandskämpfer Hans Christian Staub, der im KZ Stutthof bei Danzig war, in letzter Minute auf das Schiff gebracht wurde und überlebte, machte einige Jahre nach dem Krieg einen Motorbootausflug nach Kappeln an der Schlei. Dort lernte er einen deutschen Taucher kennen, der die Glocke aus dem Wrack geborgen hatte und sie Staub, so Goguel, spontan schenkte, als er erfuhr, wer sein Gesprächspartner war. Aus Staubs Besitz wanderte die Glocke später in das Museum in Kopenhagen.

Die Stadt am Wasser: Gneez

Gneez, die Kreisstadt, in die Gesine zur Schule fährt und deren Namen sie im dritten Jahr Russisch (1947) ableitet

> aus dem Slawischen, einer dem Russischen vorangegangenen Sprachform, [...] dem sowjetischen Wort für Nest [...] Gnezdo
> (JT IV/1452)

hat sich Johnson aus Grevesmühlen und Güstrow zusammengesetzt, einer Stadt, die er sehr gut kannte. Johnson war 1947 als Dreizehnjähriger mit der Mutter und der sieben Jahre jüngeren Schwester von Recknitz nach Güstrow gekommen,

> da stand das ehemalige Gymnasium, das mein Vater für mich gewünscht hatte, die John Brinkman-Oberschule [...]
> (Mat 1/17)

erläuterte er 30 Jahre später der Akademie für Sprache und Dichtung in Darmstadt (*Ich über mich*). Er blieb dort gemeldet, bis er im Herbst 1952 eine Studentenbude in Rostock fand, von der noch zu reden ist. Ein früherer Mitschüler in Güstrow, Pastor Axel Walter (heute dort Superintendent), erinnert die Adresse: Feldstraße 19 »unterm Dach«. Das ist auch heute noch ein graues Haus in einer kleinbürgerlich-proletarischen Gründerzeit-Vorstadt.

Der erste – und für mich nach wie vor wichtigste – Schlüssel für die Annahme, Johnson habe für Gneez Versatzstücke von Güstrow verwendet, ist eine halbe der über 1800 *Jahrestage*-Seiten, die Beschreibung des »Prachtstücks des ersten Eindrucks« von Gneez:

> [...] ein vierstöckiges Haus in grauem Putz, mit durchgehenden Säulen und Riefen bis unters vornehm gerundete Walmdach ein Palast, das Hotel Erbgroßherzog, um 1912 errichtet nach den Plänen eines Architekten, der an eine großstädtische Zukunft von Gneez geglaubt hatte. [...] im Unterge-

John Brinckmann-Oberschule

schoß aufgeweitet zu einem Cafe unter zierlichen Stuckgirlanden, einem großmächtigen Tor zu den Gesellschaftssälen und einem mehr geduckten zu den Renaissance-Lichtspielen. [...] Der Name Erbherzog saß dem Hotel noch auf dem Dach, in stolzer Antiqua an Drahtgittern befestigt...

(JT IV/1430)

Das kam mir bekannt vor. Könnte damit das »Hotel Stadt Güstrow« im Schatten der Marienkirche am Markt beschrieben sein, in dessen Restaurant ich schon gesessen hatte? Es gab doch früher auch im 25 Kilometer entfernten Teterow einen Gasthof »Erbgroßherzog«? Zweifel, ob sich Johnson so einfach enträtseln lasse, räumt nicht nur der frühere Mitschüler aus. Die Vermutungen be-

Hotel »Stadt Güstrow«

stätigt auch Elmar Jansen in seinen Anmerkungen zu dem von ihm
herausgegebenen *Güstrower Tagebuch* von Ernst Barlach.
Walter, dessen Vater damals Dompfarrer in Güstrow war, berichtet, daß noch lange nach dem Krieg der alte Name des Hotels,
allmählich verrostend, an einer Art Maschendrahtzaun auf dem
Dach zu lesen war. Das Hotel selbst war von den Sowjets beschlag-
nahmt (»Dom Offizierov«), wie von Johnson für Gneez beschrieben. Seine Beobachtungsgabe ermöglichte ihm noch mehr als dreißig Jahre später – der vierte Band der *Jahrestage* erschien 1983 –
Genauigkeit auch in Details: Das Kino unter dem gleichen Dach ist
vorhanden, heißt »Capitol«; und in der heutigen Straße des Friedens, die »ein paar Jahre lang nach einem Österreicher geheißen
hatte« und früher schlicht der »Pferdemarkt« war, findet der Besucher »weißbemalte Bürgerhäuser mit Ladengeschäften und Lokalen
im Fuß«. Das ist heute eine Fußgängerzone.
Barlach, der sich in den ersten Monaten des Ersten Weltkriegs zur
Betreuung von Kindern zur Verfügung gestellt hatte, deren Väter
Soldaten waren, erwähnt das Hotel in seinem Tagebuch am 14. No-

Papenbrock ist keine Erfindung

vember 1914: »Im ›Erbgroßherzog‹ Sitzung des Kinderhorts …«. Jansen bemerkt dazu: »›Erbgroßherzog‹: Heute ›Hotel Stadt Güstrow‹«. Barlachs *Güstrower Tagebuch*, das 1959 in München und 1980 in der DDR erschien, findet sich in Johnsons Mecklenburg-Bibliothek, die heute in Frankfurt steht.

Beim Spazierengehen durch Güstrow neue Aha-Erlebnisse. In der Straße des Friedens Nr. 5, gegenüber der Post und dem Eingang zum »Capitol«-Kino, gibt es ein Geschenkartikel-, Haushalts- und Lederwaren-Geschäft mit vier großen Schaufenstern. Eine Schrift im Stil der zwanziger oder dreißiger Jahre in den Fenstern nennt den Inhaber: »Adolf Papenbrock Nachf.« Hier also hat Johnson sich den Namen für Gesines Großvater, den Getreidehändler Albert Papenbrock in Jerichow, entliehen.

Auch für das, was er das »herzogliche Gneez« nennt, hat sich Johnson sehr genau an seine Erinnerung an Güstrow gehalten:

> [...] südlich des Marktes war noch fast ein Drittel aufgestellt,
> [...], etwas weitläufiger von Hofbaumeistern entworfen in

der Zange, die aus Alleen auf den alten Festungsmauern aus-
gelegt war: Polizeigefängnis, Landratsamt, Land- und Stadt-
gericht, Schloßtheater, Domhof, das zum Sowjetlazarett um-
gewandelte Gymnasium und die wohl einhundert Meter
lange Promenade zwischen Schwimmbadeanstalt und der
Siedlung Klein Berlin am Stadtsee. An der Ecke zum Domhof
stand Alma Wittes Hotel, da blieb das Kind aus Jerichow
manchmal über Nacht.   (JT IV/1433-1434)

Da fehlt eigentlich nur das Renaissance-Schloß, 1558-1589 errichtet, die einstige Residenz (bis 1695) der Fürsten Werle-Güstrow
und des Herzogs Mecklenburg-Güstrow, bei Dehio »eine merkwür-
dige Blüte lombardischer Kunst auf deutschen Boden verpflanzt«.
Im Dreißigjährigen Krieg hatte 1628/29 Wallenstein dort Hof gehalten und sogar eine Erweiterung begonnen, die später wieder
abgerissen wurde. Pastor Walter weiß eine überraschend einfache
Deutung für diese Auslassung: Nach mehr als einhundertfünfzig
Jahren Zweckentfremdung als »Landarbeitshaus« für Obdachlose
und vollgestopft mit Flüchtlingen, galt das Schloß nach dem Zweiten Weltkrieg als »Bruchbude«. Es spielte im Bewußtsein der Güstrower keine Rolle. Selbst den neuen Herren, den Sowjets, war
es zu heruntergekommen, um als Kommandantur oder Kaserne
zu dienen. Daher kam damals niemand auf die Idee, es als ver-
haßtes Symbol des überwundenen Feudalismus in die Luft zu
sprengen. Erst seit der umfassenden Restaurierung, die nach 14
Jahren zur 750-Jahr-Feier Güstrows 1978 beendet war, ist das
Schloß die »Gute Stube« der Stadt, Kreiskulturhaus und Museum. Anstelle der Fürsten residiert dort heute der Stadtrat für
Kultur.
Was Johnson das Landratsamt nennt, war herzogliches Kanzleige-
bäude, an den Antennen auf dem Dach und politischen Losungen
bislang kenntlich als SED-Kreisleitung. Nebenan im alten Amtsge-
richt sitzt die Polizei. Aber das Gefängnis an der Rückseite ist Gefängnis geblieben. An der Nordseite des Platzes, benannt nach
Franz Parr, der das Schloß baute, findet sich das Theater von 1828,

Schloß in Güstrow

der älteste Theaterbau in Mecklenburg. Es heißt heute nach Ernst Barlach.

Daß Johnson außer dem Schloß auch die 1863 auf dem Schloß-platz errichtete gußeiserne Gedenksäule für die Mecklenburgischen Freiwilligen Jäger im Befreiungskrieg gegen Napoleon nicht er-wähnt, mag Verschlüsselung sein. Denkbar ist auch, daß er es als Symbol militärischer Macht wegließ, gegen die er – wie gegen alle Herrschaft von Menschen über Menschen – allergisch war. Gegen-wärtig (bis 1991) ist das Monument demontiert; es wird restau-riert.

Das ochsenblutfarbene Haus gleich neben dem Theater an der Ecke Domstraße ist auf den ersten Blick als ehemaliges Hotel zu identifi-zieren. Johnsons Baedeker von 1922 im Frankfurter Archiv bestä-tigt das: Es war das »Deutsche Haus«. Für Gneez wurde daraus das »Hotel Stadt Hamburg« von Alma Witte:

[...] Bei ihr hatte das Landgericht gesessen, die Herren vom Gymnasium, die Reichswehr aus gutem Hause. [...] Die So-

wjets hatten ihr das Haus umgewandelt in eine Herberge für
Funktionäre der neuen Verwaltung [...] (JT III/1346)

Juristen und Studienräte sind im bisherigen »Veteranenclub« der
Volkssolidarität gut vorstellbar: Das einstige Landgericht war direkt gegenüber in dem schlichten Walmdachhaus, das jetzt das Hei-
matmuseum ist; zum Gymnasium am Domhof waren es kaum
zweihundert Meter.
Diese Schule, ein

> [...] Gebäude mit drei Fensterreihen übereinander und zwei
> leeren Fahnenstangen vor dem Eingang. Der lange Streifen
> Sandsteins in dem endlosen tiefroten Gemäuer sagte, dies sei
> die Gustav Adolf-Oberschule [...], (Ingrid 16)

kannte Johnson ganz genau. Es ist jene John Brinkman-Schule, die
sein bei Kriegsende von den Sowjets internierter und 1947 oder
1948 in einem Lager verstorbener Vater für ihn gewünscht hatte.
Johnson hat sie zweimal beschrieben: In seinem ersten, 1985 aus
dem Nachlaß veröffentlichten Roman *Ingrid Babendererde/Reife-
prüfung 1953* ist das die Gustav Adolf-Oberschule von Wendisch
Burg, einer – fiktiven – »Kleinstadt im südöstlichen Mecklenburg«,
dort neben einem Dom gelegen wie in Güstrow; für *Jahrestage*
wurde daraus die Fritz Reuter-Oberschule in Gneez.
In Gneez ist das alte Gymnasium zunächst sowjetisches Lazarett.
Das ist nicht erfunden. Axel Walter, von dem das alte Foto mit
Johnson und anderen Mitschülern aus dem Winter 1948/49
stammt, erzählt, daß das Gebiet um den Güstrower Dom »bis Früh-
jahr 1948 sowjetisches Sperrgebiet« war, die Schule selbst Kran-
kenhaus. Die Brinkman-Oberschule, in die er und Johnson seit
Herbst 1947 gingen, war »Untermieter« in einer Schule in der Ha-
fenstraße am Rostock-Bützow-Güstrow-Kanal, damals einfach
»Hafenschule«. Johnson macht daraus die »Brückenschule« in
Gneez, in die Gesine ab Herbst 1943 und dann wieder nach dem
Krieg geht. Der Klinkerbau aus den zwanziger Jahren, zu Fuß kaum

Uwe Johnson (4. von rechts) mit Klassenkameraden im Winter 1948/49
(*Foto: Heinz Lehmbäcker, Berlin*)

mehr als zehn Minuten von der Johnsonschen Wohnung in der
Feldstraße entfernt, ist jetzt die »Wossidlo-Schule«, benannt nach
dem mecklenburgischen Sprachforscher und Volkskundler Richard
Wossidlo (1859-1939).

Gneez liegt bei Johnson wie Wendisch Burg, der fiktive Schauplatz
seines ersten Romans, an einem See. Doch der Gneezer »Stadtsee«,
wo Gesine und ihr Mitschüler Pius Pagenkopf an einer »wilden
Badestelle« schwimmen (»Wir waren doch die, die trockneten sich
an einem Handtuch ab, das Paar«), scheint erheblich kleiner als der
Obere und der Untere See von Wendisch Burg. Dort hat Johnson
die Schleuse situiert, von der aus Ingrid Babendererde und ihr Mitschüler Klaus Niebuhr im Frühjahr 1953 mit dem geklauten Mo-
torboot der Volkspolizei ihre Flucht nach West-Berlin beginnen:

> wo sie umsteigen in jene Lebensweise, die sie ansehen für die
> falsche. [...] Das letzte Bild ist das der Wellen, die sie im
> Uferschilf hinterlassen, da waren sie eben noch, nun sind sie
> gegangen. (BU 87)

Hafenschule in Güstrow

In beiden Büchern also ein enger Zusammenhang zwischen der Schule, die Johnson besuchte, und den Seen seiner Romanfiguren. Als begeisterter Faltbootfahrer kannte er sie aus eigener Anschauung. (Johnson ist einmal auf der Müritz gekentert, verlor dabei Fotoapparat und Ausweis und traf, wie er in *Begleitumstände* berichtete, bei der Polizei in Leipzig beim Warten auf einen neuen Ausweis seinen dortigen Professor Hans Mayer.)

Bernd Neumann beschreibt, wie Johnson Wasser und Schule zusammenbrachte, indem er Güstrow an die Müritz verlegte: »Wer vom Güstrower Badesee auf die Schule zugeht, wie es der Schüler Johnson häufig getan hat, sieht die Front des Doms ganz so, wie Ingrid und Klaus (im Buch) sie vom See aus erblicken. Die Baumreihe davor gerät zur Uferpromenade ...«

Was Neumann den Güstrower Badesee nennt, ist der Sumpfsee hinter Kleingärten und der feuchten Domwiese. Es gibt dort immer noch im Schilf versteckte Badestellen. Aber von der Promenade »An der Schanze« macht Güstrow über den näher an der alten Stadtmauer gelegenen Pfaffenteich, der in den bei Johnson

Güstrow von der Wasserseite

beschriebenen Stadtgraben übergeht, den Eindruck einer Stadt am See.

Eine Schleuse gibt es bei Güstrow nicht. Doch auch hier ist – gleich zweifach – eine Annäherung an Johnsons bildhafte Schilderungen möglich. Wenn Neumann (dem ich für den entsprechenden Hinweis danke) die »Hauptschleuse« im *Ingrid*-Roman, die in *Jahrestage* die »Havelschleuse« ist – in beiden Fällen ist Martin Niebuhr, Heinrich Cresspahls Schwager, der Schleusenwärter –, »am anderen Ende der Großen Müritz« bei Mirow (Kreis Neustrelitz) lokalisiert, wäre Wendisch Burg – oder Gneez – nördlich zu denken, etwa dort, wo die Kreisstadt Waren am letzten Ausläufer des 116,8 Quadratkilometer großen Binnensees liegt.

Nähert man sich Waren über die Binnenmüritz, von Süden her, entdeckt man überraschende Übereinstimmungen mit dem Blick über den Pfaffenteich auf Güstrow. Das gilt vor allem aus der Perspektive eines Faltbootfahrers, dicht über dem Wasser:

[...] Über der Baumzeile am Stadtufer und Dächern stand
sehr gross und breit der Dom gegen den Himmel. [...]

(Ingrid 15)

Die Georgskirche von Waren, ein frühgotischer Backsteinbau wie
der Dom zu Güstrow, liegt ähnlich behäbig-beherrschend, über alte
Speicher und Bäume am Ufer ragend, quer zum Wasser wie der
Güstrower Dom; in beiden Fällen stehen die Türme am westlichen
Ende der Kirchenschiffe.

Und wer in Mirow geschleust wird, kann nacherleben, was Johnson
beschrieb:

[...] das Haus, das langsam über dem Rand des Beckens
erschien; das breite Ziegeldach, offene weissrahmige Fenster
zwischen sauberen roten Steinen, endlich der Blumengarten
vor allem. Auf den Flursteinen klapperten Holzpantoffeln
[...]

(Ingrid 14)

Auch die Molen sind da, auf denen bei Johnson Klaus und Günter
Niebuhr, die Neffen des Schleusenwärter-Ehepaars, die nach dem
Tod ihrer Eltern dort aufwachsen, herumturnen. Es gibt Rasenflä-
chen und selbstverständlich einen Steg, an dem sich ein Segelboot
wie die ›Squit‹ vertäuen läßt. Die nur für Anlieger freigegebene
Straße von Mirow über Lärz nach Vietzen an der Kleinen Müritz
kreuzt den Kanal direkt an der Schleuse, die mit zwei in besonderen
Führungen laufenden Toren senkrecht verschlossen wird.

Die Touristenkarte »Mecklenburger Seenplatte« (mit Angaben für
Motortouristik und Wassersport) verzeichnet sogar eine Ausflugs-
dampferlinie der »Weißen Flotte«.

Und: 14 Kilometer weiter östlich, bei Wesenberg, gibt es im »Was-
serwander-Atlas« vom Plätlinsee zum Havel-Kanal einen Zufluß
mit der Bezeichnung »Schwanhavel«. So heißt bei Johnson der
Personendampfer, der Wendisch Burg mit den Nachbardörfern ver-
bindet.

Die Erinnerung an die mecklenburgische Seenlandschaft wird in

Schleusenwärterhaus in Mirow

Jahrestage zu einem – dreifach gebrochenen – Spiegelbild in den gläsernen Windfangtüren der Bank, in der Gesine in New York arbeitet:

> [...] ein Bild aus Schatten, stillen und losen, oben von einhängendem Dunkel eingefaßt wie von Baumkronen, und zwischen den gleitenden Abbildern [...] ist der Hintergrund tief geworden, weißliches Seelicht gesehen unter Laubgrün, Boote auf dem Wasser, vor mir unverlierbar gewußte Umrisse, [...]
> So der dick bedeckte Tag aus Dunst über dem jenseitigen Flußufer, über den austrocknenden Laubfarben vor dem verwischten Wasser, verspricht einen Morgen in Wendisch Burg, das Segelwetter zum Morgen vor vierzehn Jahren, erzeugt Verlangen nach einem Tag, der so nicht war, fertigt mir eine Vergangenheit, die ich nicht gelebt habe, macht mich zu einem Menschen, der von sich getrennt ist durch die Tricks der Erinnerung. (JT I/124-125)

»Das letzte Bild ist das der Wellen, die sie im Uferschilf hinterlassen…«

Johnson pflegte einen regelrechten und ständigen »Umgang« mit den wichtigsten seiner mehr als einhundert Romanfiguren. Hier, unter dem »28. September 1967 Donnerstag«, verdichtet er eigene Eindrücke aus der Zeit seiner Tätigkeit als Schulbuchlektor in New York (beim Verlag Harcourt, Brace & World 1966/67) mit früheren aus Güstrow und seine ausgedehnten Wasserwanderungen, die er Gesine und Ingrid zuschreibt. Das ist, es gibt kein besseres Wort: Beschwörung. Die Redundanz wird zur inhaltlichen Aussage. Die drei sich überlagernden Bewußtseinsebenen – Johnsons eigene, Gesines und Ingrids – präzisieren und umschreiben Hoffnungen, die für alle drei unerfüllt blieben.

Den Namen Babendererde findet man noch heute im Telefonbuch von Güstrow. Nicht nur Axel Walter erinnert sich etwa an einen Viehhändler dieses Namens am Brunnenplatz.

Johnson hat, als er noch in der DDR lebte, vergeblich um diesen Namen gekämpft. Als Peter Suhrkamp den Zweiundzwanzigjährigen am 11. Mai 1957 in Berlin-Zehlendorf empfing, um mit ihm über dessen »Schreibarbeiten« zu sprechen, und ihn anhielt, »mitzuarbeiten an der Ablehnung seiner eigenen Arbeit« (so Johnson 23 Jahre später in *Begleitumstände*),

> [...] brach [er] einen Streit vom Zaun: was das denn schon für ein Name sei, Babendererde. Nun musste er wissen, was das bedeutet, denn er war im Niederdeutschen aufgewachsen, »auf der Erde« hiess so jemand, das war seine Verfassung und Befindlichkeit. Und der sich das gemerkt und ausgesucht hatte, ihm war dieser Name, 1704 noch »BavenderErde« geschrieben, zu Gesicht gekommen auf verwitterten wie frischen Grabsteinen, er war mit Leuten dieses Namens in Mecklenburg zur Schule gegangen! Suhrkamp wurde laut. [...]   (BU 98)

Der Beleg für die von Johnson zitierte alte Schreibweise des Namens findet sich im Archiv in Frankfurt. Hier schließt sich ein Kreis. Der Schriftsteller besaß die sieben Bände der von Franz Schubert aus den handschriftlichen Originalen (im Bundesarchiv Koblenz) übertragenen und im Selbstverlag herausgegebenen Chronik mit dem Titel *Anno 1704*. Sie entstand auf Weisung des Herzogs von Mecklenburg. Dreihundert Pastoren des Landes berichteten dort über ihre Kirchspiele mit 1 700 Orten, ihre – oft ärmlichen – dienstlichen und persönlichen Verhältnisse und über ihre hunderttausend »Beichtkinder«. Für das Kirchspiel Reckenitz »unter des Herrn Obristen von Rossewitz, Herrn Carl Matthias Viereggen jurisdiction« nennt Pastor Anton Koch einen Dreves BaverderErde, 58 Jahre alt, als Coßäte (eigentlich Kossäte), also Bewohner einer Kate. Er mag Tagelöhner gewesen sein. Pastor Koch führt auch dessen vierundvierzig Jahre alte Frau Ilse, geborene Jacobs, zwei Söhne im (arbeitsfähigen) Alter von 22 und 19 Jahren auf, sowie »Kind: Christian, 14«.
Reckenitz ist heute Recknitz, jenes Dorf nordöstlich von Güstrow, in dem die Familie Johnson auf der Flucht 1945 untergekommen war. Schon denkbar, daß der Schriftsteller dem auffälligen Namen bereits als Zwölf- oder Dreizehnjähriger dort »auf verwitterten Grabsteinen« zum ersten Mal begegnete.

Uwe Johnson als FDJler

Eine Romanfigur

Hier mag, ohne Anspruch auf Vollständigkeit, eine Abschweifung
in die Biographie des Schriftstellers gestattet sein, die sich aus Gesprächen in Güstrow mit Superintendent Walter und dessen Frau
sowie seinem noch heute an der Brinkman-Oberschule tätigen Englischlehrer Hans-Jürgen Klug ergab. Käthe Walter, die im selben
Jahr wie Johnson (1952) in Rostock Germanistik zu studieren begann und seine Bücher kennt, ist überzeugt, daß Dieter Lockenvitz,
einer der Mitschüler von Gesine Cresspahl an der Reuter-Oberschule in Gneez, ein »verfremdetes« Selbstportrait Johnsons als
Schüler in Güstrow ist:

[...] ein schüchterner, spilliger Brillenträger, ein Primus [...]
er war Flüchtling [...],   (JT IV/1558-1559)

den die Klasse Neun A Zwei (1949) im dritten Wahlgang zu ihrem
Klassensprecher wählt und der dann – als Mitglied der Freien Deutschen Jugend (FDJ) – erst Vorsitzender der Klassengruppe ist und
1950/51 »Sekretär für Organisation der Schulgruppe«. An anderer
Stelle ist er so beschrieben:

Ein empfindliches Kind. Wenn man so heißt. [...] Wenn man
in der Tat Locken um den Kopf trägt, blonde ungebärdige
Wellen. Hintendran ein Vitz, ein Fitz, ein Fetzchen. (JT IV/1723)

Die wenigen, oft verwackelten, Bilder von Johnson in den Alben,
die ich einsehen durfte, halte ich für eine Bestätigung. Die »Frage-
bogen«-Antworten, die er für »Lockenvitz, Dieter« aufführt, ent-
halten, den Vater und die ersten Schuljahre betreffend, durchaus
Parallelen zu Johnsons eigener Herkunft:

Beruf des Vaters: Landwirt [...] Direktor der städtischen
Gärten, Parks und Friedhofsbepflanzung [...] eines größeren
Gemeinwesens im heutigen Volkspolen. Bürgerlich.
Politische Herkunft, Parteizugehörigkeit der Eltern vor 1945:
Keine. Vor 1933: D.N.V.P. (Deutschnationale Volkspartei)
Imperialistisch. Daß sein Vater sich den Nazis fern gehal-
ten habe, darauf bestand er. Wie aber wollte er entschul-
digen, daß er das fünfte Schuljahr verbracht hatte in einer
NaPolA? Sein Vater sei 1944 vor die Wahl gestellt worden:
Einziehung zur Wehrmacht, oder ein anderes Bekenntnis
zum Hitlerstaat. Schwere finanzielle Belastung, die Gebüh-
ren für die National-Politische Erziehungsanstalt. Von den
Ordensburgen der Hitlerjugend unterschieden durch gerin-
gere Ansprüche an körperliche Tüchtigkeit. Siehe die Brille
[...]

Beruf der Mutter seit 1945: Gartenarbeiterin. Stand des Sohnes: proletarisch? Nein: Gruppe der Angestellten.

(JT IV/1722-1723)

Wenn es einmal, zur Herkunft von Dieter Lockenvitz, heißt: »Irgend etwas Landwirtschaftliches in Preußisch Pommern«, verweist dies auf das vorpommersche Anklam an der Peene, wo Johnson bis 1944 aufwuchs. Sein Vater Erich war nach dem Einwohnerverzeichnis von 1938 zunächst im Haus Markt 23 gemeldet; Berufsangabe: Molkerei-Gütekontrolleur der Landwirtschaftskammer. Später, zu einem nicht mehr feststellbaren Zeitpunkt, zog die Familie nach Min Hüsung 12 an der Chaussee nach Pasewalk.

Das Haus am Markt brannte im September 1943 bei einem Bombenangriff nieder, als die Johnsons nicht mehr dort lebten. Der völlig unerwartete Angriff in der Mittagszeit zerstörte über siebzig Prozent der Altstadt von Anklam; mehr als 200 Menschen starben dabei. Die Häuserzeile an der Südseite des Marktes wurde nach dem Krieg nicht wieder aufgebaut. Heute ist dort eine kleine Parkanlage mit einer abstrakten Stele für den 1848 in Anklam geborenen Fliegerpionier Otto Lilienthal.

Der Bombenangriff auf Anklam war das erste Erleben des Krieges für den damals neunjährigen Uwe Johnson. Der Angriff hatte den dortigen Zweigbetrieb der Arado-Flugzeugwerke zum Ziel, den Johnson in *Jahrestage* nach Gneez verlegt und einen »Kriegsbetrieb der Sonderstufe« nennt,

> unter anderem wegen der Raketenteile für die Heeresversuchsanstalt Peenemünde. Das andere, die Vorfertigungen für den Strahlbomber AR 234, das Ding mit den vier Düsenmotoren B.M.V. 003. [...] (JT IV/1416)

Johnson läßt Gesine einmal den Arado-Arbeitern begegnen:

> Cresspahl hatte versäumt, die Uhr auf die Winterzeit umzustellen, und ich fuhr nach Gneez zusammen mit vielen

Ehemaliges Hotel »Deutsches Haus« in Güstrow

schlafenden Männern, die wie im Traum in Gneez-Brücke
ausstiegen, zu den Arado-Werken. Sie kamen mir vor wie
eine versteckte Armee, [...]   (JT II/935)

erzählt sie ihrer Tochter Marie in New York. Wohl auch eigenes
Erleben im vierten Kriegsjahr spiegelt sich in dem, was Johnson
Gesine über Fliegeralarme berichten läßt:

> Zu spät kam ich oft in den Luftschutzkeller unter dem Hotel
> Stadt Hamburg. Denn seit dem Angriff auf Hamburg vom
> Juli 1943 waren sie in Gneez recht eifrig mit dem Alarmge-
> ben, eben wegen der Raketenfabrik, und ich lief in Bestzeiten
> durch die Straßen, damit ich ja nicht in einen fremden Keller
> geschubst wurde [...]   (JT II/935-936)

Bei der romanhaften Umsetzung der Arado-Werke von Anklam
nach Gneez orientierte sich Johnson an den örtlichen Gegebenhei-
ten. Der Brücken-Vorstadt von Gneez, wo er die Raketenfabrik

Min Hüsung 12 in Anklam

ansiedelt, entspricht ihre tatsächliche Lage am südöstlichen Stadt-
rand von Anklam zwischen der Eisenbahn und der Landstraße nach
Pasewalk. Heute ist dort ein ausgedehntes Gewerbegebiet.

Bis zu Min Hüsung ist es ein knapper Kilometer. Das ist nicht nur
eine sandige, ungepflasterte Straße, sondern eine ganze Siedlung,
parallel und zweimal im rechten Winkel zur Pasewalker Chaussee,
der Fernstraße 109, angelegt. Sie besteht aus Einfamilien- oder
Doppelhäusern mit Walmdächern, umgeben von Gärten, groß
genug für die teilweise Selbstversorgung der Bewohner. Durch
Um- und Anbauten, ursprünglich kaum vorgesehene Garagen und
dazwischen errichtete Nachkriegs-Neubaublocks hat die Siedlung
heute ihren von NS-Architekten vorgesehenen einheitlichen Cha-
rakter weitgehend verloren.

Haus Nr. 12 ist eines der wenigen Häuser, die bei meinem Besuch
noch nicht modernisiert waren. An eine Familie Johnson, die von
hier aus im April 1945 vor der heranrückenden Front nach Recknitz aufbrach, kann sich niemand erinnern.

Bei der Suche nach Min Hüsung machte eine Auskunft gesellschaft-

Die alte Schmiede in Recknitz

liche Unterschiede deutlich. Stadtauswärts liegt unmittelbar neben der Siedlung eine andere mit schmalbrüstigen Reihenhäusern an Straßen, die nach Karl Marx oder Erich Mühsam benannt waren. Auf die Frage, wo Min Hüsung zu finden sei, hieß es dort: »Fahren Sie zurück in Richtung Stadt und dann die erste rechts rein, wo die reichen Leute wohnen. Hier ist das Armenviertel!«

Dieter Lockenvitz betreffend gibt es noch eine andere Übereinstimmung mit Johnsons eigener Biographie: Er verbrachte 1944 sein fünftes Schuljahr (oder zumindest einen Teil davon) in einer »Deutschen Heimschule«, einem NS-Internat, im polnischen Koscian an der Obra, das bis 1918 zur preußischen Provinz Posen (und damals zum so genannten »Warthegau«) gehörte. Sein Vater, der 1940 in die NS-Partei eingetreten war, erlitt das Schicksal, das er Locken-vitz zuschreibt: Den Vater nahmen die Sowjets mit,

> so daß er im Februar 1947 »zuletzt gesehen wurde, als er tot auf seinem Lager lag« (Eine Zeugen-Aussage: die Mutter hoffte auf eine Rente …) (JT IV/1722)

Lokalisierbar ist auch, was Johnson in *Begleitumstände* über seine Beschäftigungen in der Landwirtschaft in den ersten Nachkriegs-wochen und -monaten beschreibt, einschließlich des Erlernens der »Grundzüge in der Schmiedelehre«:

> das Schmieden eines Hufnagels, Aufziehen der glühenden Reifen auf die Radkränze. […] (BU 33)

Johnson berichtet aus Recknitz, wo die Flucht der Familie aus An-klam endete. Es war Onkel Milding, der 1952 verstarb, der ihm das Schmieden beibrachte. Er war als NS-Ortsgruppenleiter, was John-son nicht erwähnt, nach dem Kriegsende kurze Zeit in sowjetischer Haft in Neubrandenburg, kehrte dann in sein rotziegliges Haus – im Schatten alter Bäume – und an die Arbeit zurück. Die Schmiede in Recknitz mit dem überdachten Vorbau, wo den Pferden die Hufe beschlagen wurden, ist heute Abstellraum. Die Esse ist kalt, die Ambosse verrosten.

Fünfeichen

Der friedlichen Revolution in der DDR vom Herbst 1989 ist an dieser Stelle eine Einfügung geschuldet. Sie betrifft die sowjetischen Internierungslager der ersten Nachkriegsjahre, über die Betroffene – ehemalige Häftlinge oder deren Angehörige – erst im Jahr dar-auf zu berichten bereit waren. Die Angst vor Repressionen und das ausdrückliche Verbot, über die bitteren Erfahrungen in den Lagern zu sprechen, das Hungern und Sterben einiger Zehntau-

Lagerreste von Fünfeichen

send, legten einen Mantel des Schweigens über diesen stalinistischen Terror.

Johnson, der 1959, neun Jahre nach Auflösung der letzten dieser Lager – der einstigen NS-Konzentrationslager Buchenwald und Sachsenhausen –, in den Westen kam, muß genaue Kenntnis von ihnen gehabt haben. Im dritten Band der *Jahrestage*, 1973 erschienen, gibt es einen Abschnitt über eines dieser »Spezlager«, das 1990 Schlagzeilen machte: Fünfeichen bei Neubrandenburg. Der Schriftsteller läßt dort Heinrich Cresspahl (nach seiner Festnahme im Oktober 1945) bis Mai 1948 interniert sein:

Hier liegt Fünfeichen, das Sanatorium! Bräunlich und geradlinig liegt es mit seinen Baracken und seiner Hauptwache inmitten der weiten Ödfläche, die mit matschigen Lattenrosten, Stacheldrahtgängen und gedrungenen Wachtürmen ergiebig ausgestattet ist [...], weithin sichtbare Tafeln am Zaun unterrichten den Freund der Landschaft in russischer und deutscher und englischer Schrift: Verbotene Zone. Eintritt verboten. Es wird geschossen! (JT III/1287)

Mit den mehr als zehn Buchseiten über Fünfeichen hat Johnson, lange vor einschlägigen Veröffentlichungen in der Bundesrepublik – etwa Frickes *Polizei und Justiz in der DDR* von 1979 –, als einer der ersten dieses »Spezlager« erwähnt. Und er nannte auch einige der anderen Lager:

> Es gab Abwechslungen. Das waren die Verschickungen in die Konzentrationslager Mühlberg, Buchenwald, Sachsenhausen, Bautzen, gut bekannt durch Zugänge. Wie Fünfeichen waren sie Ewigkeiten, die standen still. Auch den Tod konnte Einer sich vornehmen, freiwillig im Hunger, freiwillig im Zaun. (JT III/1297)

Es würde zu weit führen, Passagen aus Johnsons Fünfeichen-Text Erlebnisberichten oder Interviews ehemaliger Internierter gegenüberzustellen. Die Kongruenz ist fast immer unübersehbar. Nicht nur, was die Vorgeschichte (deutsches Kriegsgefangenenlager) und die geographischen Fixpunkte der Umgebung (Tollense-See, das Lindental und den Friedhof am Fuchsberg) angeht. Johnson hat vor allem die psychische und physische Belastung der Internierten, das zermürbende Warten auf irgendeine Klarheit – seien es Prozesse mit Urteilen oder ein Abtransport nach Sibirien – und ihr allmähliches Verhungern

> Der Vorgang hieß abgehen, wie ein Ersatz für Sterben [...]
> (JT III/1291)

literarisch verdichtet. Der Satz (über Cresspahl)

> Was waren das für Tugenden, auf die er verzichtet hatte? oder waren es neue? (JT III/1291)

genügt dem Schriftsteller, um das Jeder-gegen-Jeden der Gefangenen und das Verhalten der »deutschen Kapos« zu schildern. Selbst die jetzt oft genannte Zahl von 12 000 Insassen des Lagers, von denen mindestens 8 500 ums Leben kamen, hat Johnson schon genannt.

Im Frühjahr 1990 erkannten die Überlebenden selbst den Wald der Toten kaum wieder. Ich bin mit Horst Köbbert aus Rostock-Warnemünde, der im Juli 1945 als 17jähriger ehemaliger Fähnleinführer von Hitlers »Jungvolk« nach Fünfeichen kam und dort bis 9. August 1948 war – er ist ein populärer Seemannslieder-Sänger mit eigenen Sendungen in Funk und Fernsehen der früheren DDR (»Klock 8 achtern Strom«) –, über das ehemalige Lagergelände und durch das Mühlenholz südöstlich von Neubrandenburg gegangen.

Auffällig ist dort zunächst nur ein frischer Trampelpfad. Hier könnte man Waldmeister suchen für die Maibowle oder im Herbst Pilze. Aber Dieter Krüger vom Historischen Museum Neubrandenburg, der uns begleitete, machte auf tote Bäume aufmerksam, überall zwischen etwa vierzigjährigen Buchen. Sie verkümmerten, erklärte er sachkundig, als ihre Wurzeln in eineinhalb Meter Tiefe mit Chlorkalk bestreute Leichen erreichten. Der frühlingsgrüne Wald ist ein Friedhof. Hier verscharrten die Häftlinge des »Sonderlagers Nr. 9« des sowjetischen NKWD (Volkskommissariat des Inneren) ihre verstorbenen Mithäftlinge. Niemand weiß genau, wie viele es waren. Die Zahlenangaben schwanken zwischen 6 500 und 9 000. Selbst vom Zentralarchiv der Roten Armee in Moskau erhielt Krüger keine Auskunft.

An zwei Stellen mitten im Wald Blumenhügel, in denen auch Kreuze stecken. Hier hatte der Museumsmann nach ersten Zeugenhinweisen graben lassen. Nach nur 50 Minuten stieß man auf die ersten Gebeine: »Hier fünf, da vier, hier drei.« Krüger vermied den Begriff Massengräber, sprach bewußt von »Gruppengräbern«. Aber immer lagen die Skelette kreuz und quer übereinander. Die (durch den Chlorkalk) rot verfärbten Knochen wurden mit Bürsten und Pinseln gereinigt. Doch nirgends Reste von Bekleidung oder

Im Wald der Toten

Hinweise zur Identifizierung: »Kein Knopf, keine Erkennungsmarken, einfach nichts. Die Toten wurden offenbar unbekleidet verscharrt.«

Köbbert bestätigte das aufgrund der eigenen »Tätigkeit« beim Leichenkommando. Nur die ersten rund 200 Toten von Fünfeichen wurden in Särgen beigesetzt. Aber dieser Friedhof ist längst überwuchert. Der ehemalige Internierte hat den Wald der Toten entlang der Bahnlinie Neubrandenburg–Neustrelitz ebenso wie das Lagergelände selbst als Kahlschlag in Erinnerung: »Damals gab es hier nicht einen Grashalm. Wir haben alles aufgefressen oder abgeholzt zum Heizen.«

Doch Dieter Krüger wußte, wo man in dem Jungwald anstelle der »weiten Ödfläche« suchen mußte. Er zeigte uns die Steinböden der beiden Getreide-Magazine im ehemaligen Nordlager. Und irgendwo im Gestrüpp nahm der Sänger aus Warnemünde ein Stück einer Seifenschale der halbrunden, inzwischen zerschlagenen Keramik-Waschtröge mit: »Die standen immer in der Mitte der etwa 60 Meter langen Baracken.« Im tiefergelegenen Südlager, dem Arbeitslager, fanden wir noch Reste des zerstörten »Sauerkraut-Bunkers«. Köbbert erkannte auch das von den Häftlingen erbaute russische Kasino wieder und daneben das rotzieglige Gutshaus der Maltzahns, damals die russische Kommandantur. Und 200 Meter weiter staunte er: »Da steht doch tatsächlich noch eine der alten Lazarettbaracken.« Sie gehört zu einer Kaserne der DDR-Volksarmee.

Der Augenschein und die Schilderungen ehemaliger Häftlinge beantworten noch nicht die Frage: Woher hatte Johnson so genaue Kenntnis über Fünfeichen? Man ist – erneut – auf Mutmaßungen angewiesen. Im Archiv in Frankfurt am Main stehen zwar die wichtigsten einschlägigen (und im wesentlichen antikommunistischen) Veröffentlichungen über die sowjetischen Lager in der späteren DDR. Aber Aufzeichnungen von Johnson gibt es nicht: »Wir können da nicht weiterhelfen.«

Ich bin ziemlich sicher, daß Johnsons Quelle kein Geringerer als Onkel Milding war, der Bruder seiner Mutter. Das war der Schmied in Recknitz, bei dem die Familie Johnson im April 1945, von Anklam aus vor der Roten Armee flüchtend, Unterschlupf fand. Er war – wie sich alte Recknitzer erinnern – der Ortsgruppenleiter der NSDAP in dem Dorf und kam deshalb nach Fünfeichen: ein genauso »kleiner Heini« wie der Fähnleinführer Köbbert aus Warnemünde. An »dicke Nazis« in dem sowjetischen Internierungs-Camp konnte sich der Sänger nicht erinnern, Namenslisten der Insassen sind nicht mehr vorhanden, obwohl es sie gegeben hat.

Onkel Milding kommt in Johnsons Werk nicht vor. Aber – ohne Namensnennung – hat er ihn zweimal zitiert. In »Zwei Bilder«, dem Einleitungskapitel der Frankfurter Vorlesungen, schildert Johnson, wie er mit fast elf Jahren dem Bild seines Staatsoberhaupts Adolf Hitler zum letzten Mal begegnete.

Ehemaliger Hof Mellenthin in Recknitz

Wer sonst, wenn nicht der Ortsgruppenleiter, hatte in einem bescheidenen mecklenburgischen Dorf wie Recknitz ein Führerbild hängen. Nach dem Einmarsch der Sowjets blieb nur ein »hell gebliebener Tapetenfleck, unzulänglich verdeckt durch einen Öldruck«. Aber die Erwachsenen belehrten die Kinder, »sie seien viel zu jung, um davon etwas zu verstehen«, schrieb Johnson aus eigenem Erinnern.

Es mag Familiensinn gewesen sein, daß der Schriftsteller seinen Onkel nicht als Quelle für den Fünfeichen-Text nannte und ihm nur mit der Berufsangabe ein indirektes literarisches Denkmal setzte. Das diente zum Schutz. Johnson hat sich damit an das »Schweigegebot« gehalten, von dem auch der Sänger Köbbert erzählte.

Bei den Mildings fand Johnson auch Bücher, mit denen sich das Kind auf der Flucht nicht belastet hatte:

> Jetzt war dieser Junge in jeglicher Zeit zwischen den Arbeiten zu finden, wo die Bücher aufbewahrt wurden, von der gebun-

denen »Gartenlaube« bis zu »Die letzte Reckenburgerin«
von Louise von François (1817-1893). Das war ein weltver-
gessenes Lesen, fiebrig, süchtig, [...]   (BU 34)

Die Hinweise auf die Schmiede in Recknitz und den Onkel verdanke
ich Anneliese Klug, geborene Raether, aus Güstrow, dort lange Jahre
Dozentin an der Pädagogischen Hochschule »Liselotte Herrmann«.
Sie kannte die Johnsons aus Anklam; ihr Vater Hermann Raether
hatte in dem Haus Markt 23, das 1943 niederbrannte, ein Lebens-
mittelgeschäft. Sie selbst hat Uwe Johnson als Drei- oder Vierjähri-
gen oft im Kinderwagen ausgefahren und beschrieb den Weg zur
zweiten Johnson-Wohnung in Min Hüsung.
Frau Klug kannte auch Tante Milding, die noch Jahre später erin-
nerte, »wo die Bücher aufbewahrt wurden«: auf dem schwer zu-
gänglichen Dachboden der Schmiede. Es handelte sich um die von
den Nazis unerwünschten Teile der Recknitzer Gemeindebiblio-
thek, die ihr Mann, trotz NS-Mitgliedschaft, dort versteckt hatte.
Es waren zumeist Bände der »Deutschen Buchgemeinschaft«. Der
junge Uwe habe sich zum Lesen oft in eine alte Hundehütte auf dem
Anwesen zurückgezogen.
Johnsons Mutter arbeitete zu dieser Zeit bei den Mellenthins, deren
einstiger Hof heute hinter den neuen Ställen der Landwirtschaftlichen Produktionsgenossenschaft (LPG) Recknitz liegt. Die alte
Frau Mellenthin, krumm von der harten Landarbeit und einen
Stock benutzend, erinnert sich noch an sie: »Die hatte Ahnung von
der Landwirtschaft und konnte zupacken.«
Frau Mellenthin kannte natürlich Onkel Milding, den Schmied,
und wußte von dessen Aufenthalt in Fünfeichen. Der Onkel habe
»anders geguckt« nachher, als er aus dem Lager nach Recknitz
zurückkam, erzählt sie Jahre später – und wechselt schnell das
Thema. Auch hier wirkt offenbar das Schweigegebot weiter.
Anneliese Klug ist – so klein ist die Welt – die Frau von Johnsons
Englischlehrer an der Brinkman-Oberschule 1951/52 in Güstrow,
Hans-Jürgen Klug. »Als ich meinem Mann beim Hefte-Korrigieren
mal über die Schulter sah, fiel mir der Name auf«, berichtet sie.

»Da wurden die Erinnerungen lebendig, und ich begann, Leute zu befragen und Material zu sammeln.«

Was der Schriftsteller in *Begleitumstände* über seine eigene »gesellschaftliche Tätigkeit« als Schüler in Güstrow, FDJ-Mitglied seit 1949 und später »Org.-Leiter der Z.S.G.L.« (Zentrale Schulgruppen-Leitung) berichtet, diente ihm als Material für seinen ersten, erst nach seinem Tod veröffentlichten Roman *Ingrid Babendererde/ Reifeprüfung 1953*. Ähnliche Vorgänge wie den Konflikt in der Klasse 12 A der Gustav Adolf-Oberschule Wendisch Burg während der Kampagne der Freien Deutschen Jugend gegen die evangelische Junge Gemeinde, bei der Ingrid Babendererde aus der FDJ ausgeschlossen wird, hat Johnson als Student in Rostock miterlebt und für den Roman an seine alte Schule zurückverlegt.

Der »Jugendfreund aus Güstrow« mochte im Frühjahr 1953 nicht, wie vorher instruiert, in einer FDJ-Versammlung der Universität gegen die Junge Gemeinde in Güstrow vom Leder ziehen, sondern verteidigte sie unter Hinweis auf die DDR-Verfassung, die Artikel über Meinungsfreiheit, Glaubensfreiheit und freie Religionsausübung. »Wenn das [die Tätigkeit der Jungen Gemeinde] eine Verschwörung sei, so wolle er, gerade als einstiger Org.-Leiter, da austreten.« Johnson wurde daraufhin exmatrikuliert.

Doch dann gab es, was DDR-Bürger mit einem Ulbricht-Zitat gern als »jähe Wendung« bezeichneten: Die SED-Führung beschloß einen »Neuen Kurs«, denn in Moskau war Stalin gestorben (5. März 1953). Nach einem Gespräch der Regierungsspitze mit den acht evangelischen Landesbischöfen am 10. Juni 1953 wurden die Maßnahmen gegen die kirchlichen Jugend- und Studentengruppen aufgehoben. Nach dem 17. Juni erhielt Johnson auf eine Anfrage beim Prorektorat der Rostocker Universität »nach seinen Lebensaussichten« die Auskunft: »Die Streichung ist gestrichen.«

Noch in einem anderen Punkt verknüpfen sich Erleben und Erzählen. Wenn Johnson im vierten Band der *Jahrestage* den 25. Juni 1952 als Datum des Abiturs von Gesine Cresspahl an der Fritz Reuter-Oberschule in Gneez nennt: Es ist sein eigenes. An diesem Tag, es war ein Mittwoch, hat die John Brinkman-Schule in Gü-

Johnsons »Studentenbude« im Keller

strow das »Zeugnis der Reife« für Johnson ausgestellt (die mündliche Prüfung selbst war am 18. Juni). Der Autor hat also seiner Gesine, die Grambow eine der schönsten Frauengestalten der deutschen Nachkriegsliteratur nennt, mehr »geschenkt« als bloß seine Adresse in New York.

Das Pastoren-Ehepaar aus Güstrow wies mir den Weg zu Johnsons ehemaliger Studentenbude in der Friedrich Engels-Straße 71 in Rostock. Er verdankte sie der heutigen Frau Walter. Sie war, Flüchtlingskind aus Schlesien, 1947 mit ihren Eltern in das Haus des im Krieg gefallenen Rostocker Landgerichtsdirektors Hensan in der damaligen St. Georg-Straße eingewiesen worden. Bald nach Beginn ihres Studiums im selben Jahrgang wie Johnson hörte sie von dessen Budensuche in Rostock. Er wohnte noch in Güstrow, kam jeden Tag mit der Eisenbahn. Die Kommilitonin empfahl Johnson bei ihrer Wirtin, und er bezog das Zimmer im Keller neben der einst dort gelegenen »hochherrschaftlichen« Küche.

Der junge Student fand bei Hensans, was ihm zu Hause fehlte: eine große, gut ausgestattete Bibliothek, aus der er bald lesen durfte, was er wollte, und Gespräche über Literatur. Damals lebte noch Frau Hensans Mutter, eine »weißhaarige Lady« (wie sich Katharina Walter erinnert). Sie stammte aus England, wurde »Granny« (Koseform des englischen grandmother) genannt und ließ sich häufig von den Enkeln, zu denen bald auch die eingewiesenen Flüchtlingskinder und Johnson zählten, über deren Alltagserlebnisse berichten. Es ist vorstellbar, daß Johnsons Vorliebe für das Englische hier entscheidend beeinflußt wurde. »Wir unterhielten uns oft zweisprachig«, erinnert Frau Walter. »Wir sprachen Deutsch, und Granny antwortete Englisch.«

Mit zäher Treue hielt Johnson lange an der Rostocker Adresse fest: Sie war zweite Bleibe während der Studienzeit in Leipzig und den Jahren vor dem Umzug (1959) nach Berlin (West). Später, als auch ehemalige DDR-Bürger wieder einreisen durften, hat er seine alte Wirtin fast jedes Jahr besucht, zuletzt 1983, ein knappes Jahr vor seinem Tod. Frau Hensan selbst starb Anfang 1985, zu früh für meine Spurensuche.

Wohnung unter dem Dach in Güstrow

Zwischen dem Haus in der Friedrich Engels-Straße und dem *Jahres-tage*-Epos läßt sich noch eine andere Beziehung herstellen: Es ist 1888 gebaut, wie an der kürzlich renovierten Fassade ablesbar. Das ist das Geburtsjahr von Heinrich Cresspahl.

Güstrow und Heinrich Cresspahl

Ungeachtet der Plünderung des Stadtbildes von Güstrow für Gneez spielt die Stadt in *Jahrestage* selbst eine Rolle. In Rolf Michaelis' Register zu dem Roman, an dessen Schlußredaktion Johnson selbst mitarbeitete, ist die Stadt siebzehnmal erwähnt. In Güstrow, Hauptort des Wendischen Kreises des Großherzogtums Mecklenburg-Schwerin, war Heinrich Cresspahl Soldat im

Ehemalige Artilleriekaserne in Güstrow

Holsteinischen Artillerie-Regiment 24, 2. Batterie.   (JT I/200)

Hier wird deutlich, wie schmal die Grenze zwischen Erfindung und vergangener Wirklichkeit ist, die die *Jahrestage* so fesselnd und glaubwürdig macht: Johnson hat lediglich vier Buchstaben weggelassen. In Güstrow lag seit 1874 das »Holsteinische *Feld*artillerie-Regiment Nr. 24« mit zwei Abteilungen zu je zwei Batterien, die durchlaufende Nummern hatten. Johnsons Quelle muß der Sonderdruck der *Mecklenburgischen Monatshefte* vom Juni 1936 gewesen sein, der sich im Frankfurter Archiv befindet. Darin beschreibt ein Generalleutnant a.D. Franz von Lenski, der sich als »der letzte Friedens- und der erste Kriegskommandeur« des Regiments im Jahr 1914 vorstellt, »Güstrow als Garnison«.
Lenski rückte am 7. August 1914, abends um 8.13 Uhr, mit dem ersten Transportzug des Regiments in den Ersten Weltkrieg. Eindringlicher hat das Barlach in seinem *Güstrower Tagebuch* beschrieben. Am 26. September notierte er: »Nachts um zwölf Uhr begab sich ein Artillerieausmarsch durch die Straße. [...] Hufschlag

wie ein Sturz eiserner Hagel rauschte seinen Guß durch die Stille. Aus den Geschützen schwellte mit Rammstößen ihrer Räder gegen die Pflastersteine verdrießliches Zetern auf und ab; [...] Am Morgen gegen zehn Uhr stand am Bahnhof im Sonnenschein ein frischer Zug, so lang, daß sein Schwanz beide Bahnübergänge der Stadt versperrte.«

> Die Kasernen in Güstrow habe ich ohne Absicht, ohne Ahnung gesehen, tiefrote Ziegelblocks hinter niedrigen Mauern mit Zierkronen, ein Karree zwischen Friedhof und Barbarastraße. [...] Inzwischen zu Zivilwohnungen hergerichtet; noch ist zu erraten, wo die Wache stand. (Versuch 26)

schreibt Johnson in *Versuch, einen Vater zu finden*. Gesine bemüht sich darin behutsam, aber mit den gelernten Geschichtsdaten, »den für ihr eigenes Leben folgenreichen Widerspruch« an ihrem Vater Heinrich Cresspahl zu erklären, wie Norbert Mecklenburg als Herausgeber betont: die Frage, warum Cresspahl 1933 aus dem englischen Richmond nach Mecklenburg (Jerichow) zurückkehrt, um mitschuldig zu werden und dann Opfer.

Die von der Stadt Güstrow 1877 gebauten Kasernen gegenüber dem Friedhof an der Rostocker Chaussee und entlang der Straße nach Plaaz (heute Straße der Befreiung) sind tatsächlich Wohnungen; der einstige Exerzierplatz ist Park- und Spielplatz, im Sommer wird dort Wäsche getrocknet. Die Ich-Form der Erzählung Gesines steht für Johnsons eigene Erinnerung an Güstrow.

Heinrich Cresspahl wurde eine neue Herausforderung für mich, als im Herbst 1988, mit einer Tonkassette, *Versuch, einen Vater zu finden* und *Marthas Ferien* erschienen (Johnson hatte 1975 und 1978 im Norddeutschen Rundfunk aus beiden Fragmenten gelesen). Beides ist Erinnerungsarbeit, wie sie Johnsons Schreiben von Anfang an bestimmte. In *Marthas Ferien* läßt er Klaus Niebuhr, Gesines Vetter und im selben Jahr wie sie (1933) geboren, seiner Herkunft nachgehen. Es ist jener Klaus, mit dem Ingrid Babender-

»...wo die germanisierten Slawen hausten...«

erde, die Hauptfigur seines Erstlings, 1953 in die Bundesrepublik
flieht.

Um mich nicht zu verzetteln, blieb für mich das hingetupfte Liebes-
und Ferienidyll zwischen den Eltern von Klaus – Peter Niebuhr und
Martha Klünder – außer Betracht. Ich beschränkte mich auf die
Gegend

> zwischen Fleesensee und Müritz, auf dem Lande, gleich weit
> von Malchow und Röbel, næm' S' mi nich oevel, wo die
> germanisierten Slawen hausten, nach Meyers Wissenswertem
> vom nächsten Jahr. (Versuch 7)

Dort läßt Johnson am 10. Oktober des Dreikaiserjahrs 1888 auf
dem Gut eines Herrn von Bobzin Heinrich Cresspahl zur Welt
kommen. Er erfindet ihm bis zum Beginn des Ersten Weltkriegs ein
so dichtes Geflecht von Wirklichkeitsbezügen, daß man – vor allem, wenn man die Stimme des Autors hört – den jungen Cresspahl
in der »Höltentöffelschaul« (Holzpantinenschule), beim Fischen

74

Altes Gutshaus in Wendhof

oder Schlittenfahren – den spärlichen Freizeitvergnügungen eines fast leibeigenen Kindes –, beim Schafehüten oder Stallausmisten, in der Tischlerlehre in Malchow, als Rekrut in Güstrow (1905) oder auf Wanderschaft (ab 1909), »vielleicht schon mit der Mitgliedskarte der SPD in der Tasche«, vor sich zu sehen meint.

Zur eigenen Überraschung gelingt die Annäherung auch diesmal. Auf die »germanisierten Slawen« weist noch heute das Ortsschild »Wendhof« für einen Teil der Gemeinde Göhren-Lebbin/Kreis Röbel hin; das Hauptdorf hieß früher wie Schloß Lebbin nach der zum mecklenburgischen Uradel gerechneten Familie Blücher, der der preußische »Marschall Vorwärts« entstammte. Ironisch berichtet Johnson auch, daß Großherzog Friedrich Franz seine Sommerresidenz an der Côte d'Azur in Frankreich »Villa Wenden« nannte.

In der Mecklenburgischen Adelsakte von 1523 taucht der Name Bobzin nicht auf; es gibt nur die möglicherweise ältere Schreibweise Babzin. Dafür ist eine Familie von Haase, die Johnson 1896 das Bobzinsche Gut übernehmen läßt, im *Genealogischen Taschenbuch der Briefadeligen Häuser* (erschienen 1908 bei Justus Perthes in Gotha) mit dem Vermerk »seit 1889« und mit über zweitausend Hektar Grundbesitz in Mecklenburg (allerdings im weiter westlich gelegenen heutigen Kreis Gadebusch) genannt.

Das auffälligste, schon von weitem erkennbare Gebäude in Wendhof ist das »Kreiskinderheim Georg Wegner«. Vorne blickt es auf dicke alte Kastanien, die um die Endhaltestelle der Buslinie stehen, hinten gibt es einen verwilderten Park. Mit dem nur noch zur Hälfte bewohnten Verwalterhaus und nüchternen, aber wenig gepflegten Stallungen einer Landwirtschaftlichen Genossenschaft (LPG) ist es vorstellbar als die Residenz der neureichen Haases, von denen Johnson schreibt, daß sie anfangs »bloss Bargeld« anlegen wollten, dann aber dem Leutemangel auf dem Gut abhalfen »mit Säe-, Mäh-, Häcksel-, Dreschmaschinen und am Ende sogar einem Dampflokomobil«.

> Die Haases führten Sonnendächer ein über dem westwärtigen Balkon und der Terrasse, buntstreifiges Segeltuch an Gittern, und es war, als begehe das Schloss den ganzen arbeitsamen Sommer hindurch ein gelassenes Fest. (Versuch 15)

Wenn Norbert Mecklenburg im Nachwort von »Mutmassungen über Heinrich Cresspahl« spricht, »mosaikartig zusammengesetzt aus Fakten, Daten, Quellen, Dokumenten, Zeugnissen, Episoden, Indizien, Hypothesen, Vergleichen, aus Recherche, Bücherstudium, Einfühlung, Phantasien, auch Wünschen« – hier in Wendhof deckt sich das mit Vorfindbarem.

Es gehört zu Johnsons doppelbödig-bissiger Ironie, daß er die Haases in *Jahrestage* bei der Beerdigung von Heinrich Cresspahls Mutter, der »Tagelöhnertochter« Berta Niemann, in eine peinliche Situation versetzt, weil Cresspahl seit der Heirat mit Lisbeth Papenbrock mit den eigentlichen Herren Mecklenburgs, dem Stand der Gutsbesitzer, verwandt ist. Und nach dem Zweiten Weltkrieg bringt er eine Familie von Haase »in einer Dachkammer« bei Papenbrocks (in Jerichow) unter:

Boltenhagen: Fischerdorf

[...] die war aus dem Südmecklenburgischen deportiert,
mehr als die dreißig vorgeschriebenen Kilometer vom Gut
entfernt, [...] da brauchte deren Marga nur ein wenig aufzu-
mucken, schon rief Louise [Gesines Großmutter mutterseits]
ihr nach: Deine Mutter wird ja wohl auch Kriegsgefangene
geschlagen haben! (JT III/1352)

Beide Texte (*Jahrestage* und *Versuch, einen Vater zu finden*) ver-
weisen aufeinander, sagt Mecklenburg dazu, und beglaubigen sich
auf diese Weise wechselseitig. Er vermutet, daß es sich bei *Versuch,
einen Vater zu finden* teilweise um »Verfügungsmasse« oder eine
»Vorstufe« der *Jahrestage* handele.

Eine Jahreszahl als Indiz

Das Fischerdörfchen Rande, »wo ein Hafen für Jerichow hätte sein
können«, ist bei Klütz leicht zu finden. Ich brauchte eine knappe

Heiligendamm: Kurhaus

Stunde zu Fuß entlang der staubigen und in der Ferienzeit vielbe-
fahrenen Chaussee zum Ostseebad Boltenhagen, früher zur
»Herrschaft Bothmer« gehörig. Doch »schon am Anfang des
Jahrhunderts reich genug für Grand Hotels« war Boltenhagen
nach dem heutigen Augenschein nie. Es war ein »Familienbad«
und kann das ursprüngliche Fischerdorf bis heute nicht verleugnen. Die Sommergäste wohnten – und wohnen – in kleinen Pen-
sionen, also privat (und in einigen neuen Gewerkschafts- oder
Kirchen-Ferienheimen).
Für mich ist Heiligendamm bei Bad Doberan, 75 Kilometer weiter
östlich, das Modell für Johnsons mondänes Rande. Nicht nur, weil
der Ort direkt an der Ostsee, insgesamt ein Sanatorium des Staatli-
chen Gesundheitswesens der DDR, wie Rande bei Johnson, aus-
drücklich »Werktätigen« vorbehalten ist.
Heiligendamm ist das älteste deutsche Seebad überhaupt. Herzog
Friedrich Franz I. gründete es 1792 auf Anregung des Rostocker
Arztes Samuel Vogel. Daran erinnert der ein halbes Jahrhundert
später vor dem heutigen »Haus Berlin« aufgestellte Findling, dessen

Inschrift dem neuen Heimatbewußtsein der DDR eine frische Vergoldung verdankt. Stolze weißgetünchte Häuser im klassizistischen Stil erinnern an die Blütezeit des Bades. »Haus Mecklenburg« etwa, neben dem Kurhaus von 1814 (hier wurde die erste deutsche Spielbank eingerichtet, weil die mecklenburgischen Herrscher immer in Geldnot waren), ist denkbar als »Grand Hotel« von Rande. Und in einem der heute nach Rosa Luxemburg oder Maxim Gorki benannten Logierhäuser an der See-Promenade oder einem der Cottages wie »Haus Weimar« ist Leslie Danzmann noch mitten im Krieg als tennisspielende Hausdame vorstellbar.

In Heiligendamm werden heute Herz- und Kreislaufkranke behandelt, jährlich rund achttausend. Für sie gelten strenge Regeln. Frühnachmittags ist der Ort wie ausgestorben. Erst zur Kaffeezeit, nach der Mittagsruhe, tauchen wieder Männer und Frauen im Park und auf der Promenade auf, höchstens am Wochenende von Enkelkindern begleitet, die zu Besuch sind. Ihre Gesichter und ihr vorsichtiger Gang lassen auf ein langes hartes Arbeitsleben schließen. Plattdeutsch hört man kaum. Sächsisch oder der Dialekt aus Thüringen herrschen vor. Jetzt verstehe ich auch den Bergmannsgruß »Glückauf« (mit Hammer und Schlegel) als Hausnamen direkt am Meer. Jerichow – Klütz, Rande – Boltenhagen, Gneez – Grevesmühlen und Güstrow: das paßt zumindest geographisch »wie für den Roman vermessen«. Doch noch fehlt mir »Jerichow Nord« mit dem Flugplatz »Mariengabe«, angelegt 1935/36 von der

> Reichswehr, die jetzt Wehrmacht hieß, und ausgeschrieben waren Bebauung und Straßenbau und Arbeiten für Tischler und Klempner und Glaser und Dachdecker und Schornsteinbauer und Gärtner auf mehreren Hektar nördlich von Jerichow, in der Mitte zwischen der Stadt und der See, wo das Land recht hoch über dem Wasser lag. (JT I/468)

Dieser Ort spielt doch eine besondere Rolle im *Jahrestage*-Epos. Hier wird Heinrich Cresspahl in den Augen seiner Frau Lisbeth, die später, nach der Pogromnacht vom November 1938, Selbstmord

Vorbild für das Seebad »der Werktätigen«

begeht, mitschuldig an den Kriegsvorbereitungen der Nazis, auch
wenn sich der Tischler zufriedengab

> mit den Betten, den Wandschränken, Schilderhäuschen und
> dem Lattenrost, auf dem der Posten seine Wache stehen muß,
> sonst kriegt er kalte Füße. Und Gesellen wie ungelernte Ar-
> beiter bekam er nun fast mehr als er in seinem Haus unter-
> bringen konnte, [...]. (JT I/469)

Als das Archiv der Hansestadt Lübeck, das den von Johnson be-
nutzten und als Quelle genannten *Lübecker Generalanzeiger* der
NS-Jahre verwahrt, nicht raten konnte, kam unerwartet Hilfe von
außen. Bei einem der nicht gerade häufigen Empfänge in der früheren DDR-Hauptstadt, wo sich auf Einladung westdeutscher Institu-
tionen Leute aus Ost und West trafen, fiel irgendwann der Name
Johnson. Grambows Essay in *Sinn und Form* war gerade erschienen
und Gesprächsthema. Ich erzählte von meiner Spurensuche in Gesi-

nes Mecklenburg und daß »Jerichow Nord« mir noch ein Rätsel sei.

»Dann fahren Sie mal nach Tarnewitz bei Boltenhagen«, meinte die Frau des Filmregisseurs und Akademie-Mitglieds Gerhard Scheumann. Sie stammt aus Hamburg, wuchs (nachdem das Elternhaus zerbombt war) in Boltenhagen auf und kannte – das war das wichtigste – die *Jahrestage*.

Zu diesem Ortstermin fahren die Freunde aus Mecklenburg mit. Wir quälen uns durch das von Urlaubern wimmelnde Boltenhagen und vorbei an überfüllten Parkplätzen. Kurz nach dem Schild »Tarnewitz 1 km« rechts der Straße ein blaßgelb gestrichenes Gebäude, das den »Heimatstil« der Wehrmacht-Architekten nicht verleugnen kann. Mit seinem großen Küchenschornstein läßt es sich als das Kasino denken, für dessen Inneneinrichtung nicht Cresspahl den Zuschlag erhält, sondern Innungsmeister Willi Böttcher aus Gneez. Ein Schild sagt, das sei jetzt das »Kinderkurheim Neues Leben Tarnewitz«.

Die Straße macht wenige hundert Meter weiter vor einem Schlagbaum mit Schilderhäuschen und einem Zaun einen scharfen Knick nach rechts. Das bis Tarnewitz eingezäunte und durch hohe Bäume nicht einsehbare Gelände ist noch (oder wieder) militärisch genutzt. Es ist wie in *Jahrestage* größer,

> wie für einen Exerzierplatz nötig war. Die Zäune gingen Kilometer weit nach Westen. Und die breiten Straßen wurden immer länger, die hörten gar nicht wieder auf. Und die Kinder von Jerichow lernten lange Zeit das falsche Wort für Flugzeug, die lernten: Jäger, und sie lernten: Bomber.
>
> (JT I/471)

Auf dem Rückweg nach Boltenhagen fällt im Dünenwald eine Siedlung geklinkerter Doppelhäuser auf. Sie sind sehr gepflegt, entsprechen nicht der Neubaunorm der DDR. Es ist Wochenende, und die Männer sitzen mit Nachbarn beim Skat, waschen ihre Autos und sprengen den Rasen. Doch hinter dem Deich zieht sich der Zaun

Ehemaliger Wehrmachtsbau

der Siedlung bis zur ersten Buhne ins Wasser. Ein unübersehbares Schild warnte: »Betreten und Fotografieren verboten. Der Kommandeur«. Daneben ein Beton-Wachturm mit einem Scheinwerfer auf dem Dach.

Die Siedlung war nach Albin Köbis benannt, einem der revolutionären Matrosen 1918 in Kiel. Wir vermuten daher ein Objekt der DDR-Marine. Letzte Zweifel, daß hier schon in der Zeit von

> Reichsstatthalter Hildebrandt, den der Österreicher über das
> gute Land Mecklenburg gesetzt hatte, (JT I/360)

eine militärische Anlage war, beseitigt die geschnitzte Jahreszahl 1937 an einem der Siedlungshäuser, damals wie bisher Offizierswohnungen. Und über zwei Türen eingeritzt ist Militärphilosophie in Plattdeutsch: »elk hüsken het sin krützken« (Jedes Häuschen hat sein Kreuzchen) und »een löpel voll daat is beeter as'n schepel rat« (Ein Löffel Tat ist besser als ein Scheffel Rat).

Ehemalige Wehrmachtssiedlung von 1937

Das schon erwähnte Tagebuch des Leutnant von Bothmer liefert einen weiteren Beleg. Der schwerverletzte junge Offizier war im letzten Kriegswinter in Schloß Bothmer. Am 17. Januar 1945 vermerkte er in seinem Tagebuch einen Besuch im »Theater des Fliegerhorstes«.

Alteingesessene in Boltenhagen und Klütz, die sich noch an den Bau der Kasernen und des Flugplatzes erinnern und an die ersten Nachkriegsjahre, erweisen sich freilich als unzuverlässige Informanten. Da wird Garn gesponnen. Einer erzählt, an dem Flugplatz habe man noch bis 1944 gebaut, »bis die Tommies alles in Klump gehauen haben«. Ein anderer behauptet, daß in Tarnewitz gar kein Flugplatz, sondern eine U-Boot-Basis der Kriegsmarine war. Als nachprüfbar auf einer alten Karte erweist sich nur die Auskunft eines Fischers, daß es, »bevor 1935 die Aufrüstung begann«, an der Ecke eine Jugendherberge gab. Er erzählt auch, daß das Dorf nach der Sprengung der Kasernen, »wohl im Sommer 1948«, sich dort Balken und Bretter als Feuerholz holte, wie die Vorväter, wenn ein Schiff gestrandet war.

Der Name »Mariengabe«

nach dem Dorf, das dabei draufgegangen war,   (JT II/495)

den Johnson für Jerichow Nord benutzt, zeugt von genauer Kenntnis mecklenburgischer Geschichte in der NS-Zeit. Es gibt in Rostock den Ortsteil Marienehe, ein ehemaliges Fischerdorf an der
Warnow. Heute steht dort ein Heizkraftwerk mit einem hohen
Schornstein. Dort befand sich vor und während des Krieges ein
Werk, das Bomber baute, bis andere Bomber es mit großen Teilen
der alten Hansestadt zerstörten: Heinkel. Man weiß in Rostock
noch, daß für diese Rüstungsfabrik Marienehe abgerissen wurde,
wie es Johnson für »Mariengabe« erzählt.

So könnte es gewesen sein

Kennern der *Jahrestage* wird nicht entgangen sein, daß bisher etwas
Wichtiges fehlt: das Anwesen Ziegeleiweg (oder Friedhofsweg) 3-4
in Jerichow, das Albert Papenbrock im Frühjahr 1933, acht Tage
nach ihrer Geburt, Gesine Cresspahl schenkt mit der Weisung, daß
es am 3. März 1954 ihr Eigentum werden solle:

> Er überschrieb ihr einen Bauernhof am Stadtrand, mit Land,
> Scheune und Nebengebäuden, bis zu ihrer Mündigkeit zu
> verwalten von ihrem Vater, Heinrich Cresspahl, Kunsttisch-
> ler, Richmond, Greater London [...]   (JT I/250)

> [...] damit Heinrich Cresspahl tat, wie Lisbeth wollte, und
> zurückkam aus England nach Jerichow [...]   (JT II/538)

Mehr als fünfunddreißig Jahre später erhält Gesine einen Brief aus
Berlin (West), in dem ihre Freundin Anita Gantlik über einen Besuch in Jerichow nach New York berichtet:

Es gibt keine Ziegelei mehr

Das Haus am Ziegeleiweg, das deinige, es ist aufgeteilt. Die kleinere Hälfte an den Veteranenklub der Volkssolidarität; leider geschlossen. Die andere Hälfte könnte später einmal ein Kindergarten werden. (JT IV/1773-1774)

Meine Auslassung hat einfache Gründe: Es gibt keine Ziegelei in Klütz (Jerichow) und einen Ziegeleiweg weder hinter dem Städtischen Friedhof (gegenüber der Allee nach Bothmer) noch am kirchlichen Friedhof an der Wismarischen Straße. Die einzige Ziegelei im Winkel, knapp drei Kilometer vom Bahnhof südlich Hofzumfelde an der Chaussee nach Grevesmühlen (Gneez), wurde schon 1979/80 abgerissen. Die alte Lehmgrube steht voll Wasser und dient als Schutt- und Müllplatz. Man stolpert über verrostete Lorengleise. Hier erinnert auch nichts an eine Besitzervilla, in der am 1. Juli 1945 bei Johnson die sowjetische Kommandantur eingerichtet und von einem graugrünen Zaun umgeben wird, und noch weniger an das gegenüberliegende Cresspahlsche Anwesen. Dies war die Guts-

Gesines Haus

ziegelei der Bothmers. Da waren nur ein paar geduckte Arbeiter-
häuser nötig. Sie stehen noch an der Straße.

Die Vorstellungskraft bleibt dennoch an der genauen Beschreibung
des Hauses hängen, in dem Johnson Gesine aufwachsen läßt:

> Es ist ein gedrungener Bau, verwittert rot unter tief herabge-
> zogenem roten und moosigem Dach, dem die Walme zu bei-
> den Seiten nicht fehlen.
> (JT II/539)

Solche Häuser findet man noch zwischen Ostsee und Müritz,
Elbe oder Neustrelitz, dem mecklenburgischen Kernland. Bauern
wohnen dort kaum noch. Die gepflegtesten und sorgfältig restau-
rierten Häuser dieser Art sind »Datschen« (Zweitwohnungen)
von Leuten aus Rostock, Schwerin und selbst dem fernen Ost-
Berlin.

Nicht weil es an der (auf dem Güstrower Orientierungsplan tatsächlich so genannten) »Ziegeleipromenade« liegt, deute ich mir
das geduckte Haus unter großen Bäumen am Knick der »Langen

Marien-Kirche in Güstrow

Stege« genannten Straße in Güstrow als Gesines Haus. Hier kannte sich Johnson schließlich aus. Die Kasernen, in denen er Cresspahl Soldat sein ließ, sind nicht weit entfernt.

Die Besuche im Mecklenburg Gesine und Heinrich Cresspahls, das auch die Landschaft von Ingrid Babendererde und Klaus Niebuhr ist, haben den (denkbaren) Einwand entkräftet, ich hätte Johnsons Text selbst für Realität genommen. Es ging um die Frage: Wie genau war Johnson eigentlich? Die Antwort versucht dieses Bilderbuch zu geben.

In *Begleitumstände* hat Johnson seine Arbeitsweise präzis beschrieben:

> Zum anderen ist für mich bei einem Studium der Germanistik [...] eine Vorliebe für das Konkrete herausgekommen, eine geradezu parteiische Aufmerksamkeit für das, was man vorzeigen, nachweisen, erzählen kann. (BU 23)

Dies ist die »Position des Beobachters«, wie er es selbst nannte, des »Lauschenden«, wie es Siegfried Unseld in seinem (selbstkritischen) Nachwort zu *Ingrid Babendererde* sagte. (Johnson hat seine Diplomarbeit bei Hans Mayer in Leipzig über *Der gestohlene Mond* von Ernst Barlach geschrieben und berichtet von Gesine, daß sie in ihren Zimmern und Wohnungen in Frankfurt und Düsseldorf und am Riverside Drive in New York eine Kopie von Barlachs »Fries der Lauschenden« hatte.) Genau beobachtet hat Johnson aber nicht nur in New York bei der Schilderung von Gesines Leben, Denken und Empfinden. Auch Klütz, Grevesmühlen, Boltenhagen, Bothmer und Güstrow sind Orte, wo Annäherungen an seine fiktive, aber faktenreiche Realität möglich sind.

So vage wie auf den ersten Blick ist das Verhältnis der konkreten und erfundenen Orte in *Jahrestage* nicht. Johnson hat in die Landschaft, der er sich verbunden fühlte, mehr fiktive Realitäten »einschmuggeln« können, als er in seinem Brief an Hansjürgen Popp

»Wie für den Roman vermessen...«

zugeben mochte oder wollte. Er fand dort, wo er sich »in Wahrheit« zugehörig fühlte, zwischen der

> dicht umwaldeten Seenplatte Mecklenburgs von Plau bis
> Templin, entlang der Elbe und der Havel   (Mat, I 20)

genügend »Platz und Spielraum« für seine Sicht auf deutsche Geschichte als in »großen Stadtlandschaften«. So gesehen ist die Existenz Jerichows gar nicht so bitter für das »abgeschlagene Klütz«.

Mecklenburg dient Johnson als »Rahmen für die Darstellung von Umbrüchen und Neubewertungen von historischer Tragweite«, sagt Grambow. Aber es steht außer Zweifel, daß dem persönliche Umbrüche und Neubewertungen vorausgingen. Für wenige deutsche Autoren trifft das Wort von Christa Wolf (von 1972) wohl mehr zu als für Uwe Johnson: »Erzählen, das heißt: wahrheitsgetreu erfinden auf Grund eigener Erfahrung.«

89

So wie Gesine früh lernte, die Mutter zu entbehren, aber nicht von ihr loskam, fehlte Uwe Johnson in den entscheidenden Jahren der Vater, ein Vorbild also. Dafür muß eine tiefe Bindung an seine Mutter entstanden sein. Er hat wohl in der Figur der Marie Abs, der Mutter von Jakob, die bei Gesine an die Stelle der Mutter trat, seiner eigenen Mutter ein literarisches Denkmal gesetzt.

In Norbert Mecklenburgs Nachwort zur Tonkassetten-Edition von *Versuch, einen Vater zu finden* steht ein Satz, der – so gesehen – wie ein Motto meiner Spurensuche ist: »Nicht: So war es, sondern: So könnte es gewesen sein, manchmal auch: Möchte es doch so gewesen sein ...«

Nachwort

Dieses *Bilderbuch* ist der Versuch, sich Uwe Johnson und seinem Hauptwerk, den vier Bänden der *Jahrestage*, anders – vielleicht naiver – zu nähern als die Forschung. Dennoch waren selbstverständlich Querverweise auf die Sekundärliteratur notwendig.

Faszinierender, auch was die Ergebnisse angeht, war der Versuch, Johnsons eigene Art der Recherche auf seine »Schreibarbeiten« anzuwenden. Mein Wunsch ist, daß die Fotos den Zugang zu seinem Werk erleichtern. Dieses *Bilderbuch* ist damit auch ein Finde-Buch, vor allem weil inzwischen Besuche in Mecklenburg leichter sind. Ich will gerne zugestehen, daß Rolf Michaelis' *Kleines Adreßbuch für Jerichow und New York* Pate stand.

Dieses Buch, insgesamt Ergebnis von mehr als vier Jahren Beschäftigung mit Cresspahls und Johnsons Mecklenburg, wäre undenkbar ohne meine Tätigkeit als Journalist in der DDR. Die Akkreditierung beim Ministerium für Auswärtige Angelegenheiten/Abteilung Journalistische Beziehungen in Berlin/DDR machte die vielen Fahrten nach Mecklenburg zum Fotografieren wie zu endlosen Gesprächen über Johnson überhaupt erst möglich.

Mein Dank für ebenso kritische wie sachkundige Beratung gilt Eberhard Fahlke vom Uwe Johnson-Archiv der Universität Frankfurt am Main und Jürgen Grambow von der Akademie der Wissenschaften, Berlin/DDR. Unschätzbar war auch die Hilfe der alten Freunde Johnsons in der DDR, die mir nicht nur ihre Fotoalben öffneten, sondern auch die Bereitschaft von Hans-Jörg von Bothmer in Wahlwies/Bodensee, mir alle Unterlagen über seinen Bruder Hans Kaspar von Bothmer zur Verfügung zu stellen.

Meiner Frau Erika danke ich für die Geduld, mit der sie das Entstehen dieses Buches begleitet hat.

Peter Nöldechen

Literatur

Uwe Johnson
- *Jahrestage – Aus dem Leben von Gesine Cresspahl*; Vier Bände 1970-1983
(im Text abgekürzt mit der Sigle JT und römischen Ziffern)
- *Mutmassungen über Jakob.* Roman; 1959
(im Text abgekürzt mit der Sigle Mut)
- *Ingrid Babendererde/Reifeprüfung 1953*; 1985
(im Text abgekürzt mit der Sigle Ingrid)
- *Begleitumstände. Frankfurter Vorlesungen*; 1980
(im Text abgekürzt mit der Sigle BU)
- *Versuch, einen Vater zu finden. Marthas Ferien*; 1988
(im Text abgekürzt mit der Sigle Versuch)
- Brief vom 26. Februar 1968 an Hansjürgen Popp, Stuttgart, dem ich für die Zitat-möglichkeit danke

Michael Bengel (Hg.), *Johnsons Jahrestage. Materialien*, Frankfurt am Main, 1985 (im Text abgekürzt mit der Sigle Mat 2)
Rainer Gerlach/Matthias Richter (Hg.), *Uwe Johnson. Materialien*, Frankfurt am Main 1984 (im Text abgekürzt mit der Sigle Mat 1)
Jürgen Grambow, *Heimat im Vergangenen*, in: *Sinn und Form*, Berlin/DDR, 1/1986
Rolf Michaelis, *Kleines Adreßbuch für Jerichow und New York. Ein Register zu Uwe Johnsons Roman*, Frankfurt am Main 1983
Bernd Neumann, *Landfahrt in ein mythisches Wasserreich*, in: *Die Zeit*, 12. August 1988

Ernst Barlach, *Güstrower Tagebuch*. Herausgegeben und kommentiert von Elmar Jansen, Berlin/DDR 1980
Rudi Goguel, *Cap Arcona. Report über den Untergang der Häftlingsflotte in der Lübekker Bucht am 3. Mai 1945*, Frankfurt am Main 1972
Christopher Jones, *No. 10 Downing Street. The Story of a House*, London 1985
Edmund Schroeder, *Mein Mecklenburger Land*, Schwerin 1961